DO EVERY THING WRONG!

:XXXTentacion Against the World

ぜんぶ間違ってやれ

――XXXテンタシオン・アゲインスト・ザ・ワールド

ジャレット・コベック

浅倉卓弥 訳

DO EVERY THING WRONG! : XXXTentacion Against the World
by Jarett Kobek

Japanese translation rights arranged directly with the author
Through Tuttle-Mori Agency, Inc., Tokyo

This Japanese edition published in 2020
By P-Vine Inc., Tokyo

目次

今 再び この アメリカを 驚愕 せしめん

1
章

本書の結末は明らかだ。

誰でも知ってる。

首筋に銃弾が撃ち込まれる。


彼の死から一ヶ月を経て僕は、本人のツイートのすべてに自分で目を通してみることを決意した。

ぜんぶ。最初から最後まで。

彼の音楽に耽溺させてもらった三年間、そして、メディアにあふれた彼に関わる報道に苛立ちを覚え続けてきた二年間を過ごしたこの身にふと、彼自身が遺したツイートならば、彼とはいったい何者だったのか、そして、たとえるならバットマンがバットマンとなった秘密が解き明かされるように、実際に彼がどうやってあの彼へとなっていったのかに関し、なにがしかの手がかりをくれるのではないかという考えが宿ったのだ。

ＸＸＸテンタシオンのアカウントには総数五万三千を越えるツイートがあった。

誰にもそのすべてをたどることなどまずできないだろうと思う。ブラウザがダメになるか、さもなければ心が壊れてしまうかする。

そもそもツイッターの基本仕様は、誰のアカウントであれ、直近の三千二百までしか遡れないようになっている。

それでも運良く〈ギットハブ《GITHUB》〉で、一日ごとにＸＸＸテンタシオンのアカウントのツイートを遡り、それらをエクセル上で読むことの可能なファイルに落とし込んでくれるソフトウェアを見つけることができた。

だけどまあ、僕にはそのソフトの操作方法などわからなかった。

だから友だちに頼んだ。

リツイートに関しては拾わないことにした。

僕にだって一応限界というものがある。

結果、彼女が送ってくれたファイルは、おおよそ四メガバイトの大きさだった。

中には二六六五四件のツイートがあった。

こちらで読める。

http://weheardyoulikebooks.com/xxx.xlsx

ツイートの始まった日付は西暦二〇一二年の八月十三日だ。この時の彼のアカウントは@fuckjahsehで、この段階ではまだＸＸＸテンタシオンという発想は欠片もない。最後の日付は西暦二〇一八年六月二十八日である。この時にはもうアカウント名の方も@xxxtentacionとなっているけれど、これはだから、悲しみに暮れる母親の代わりに事務所の人間が記したものである。

これらのうち、二五八八二件の書き込みが西暦二〇一六年七月十四日より以前のものになる。これは彼が以前のマネージャーを刺傷させ金品を奪ったという、被害者側からの告発によって逮捕された日付である。

以降のものは七七一件だ。


メディアにおける自分の報道の背後に刑事司法制度の影が見え隠れし始めたタイミングで、彼はツイートの削除をし始めている。

しかしこの削除は直近のものに集中していた。

古い書き込みは比較的そのまま残されていた。


この西暦二〇一六年七月十四日に、彼の人生の最後の二十三ヶ月が始まった。

二年にも満たない。

とてもまっとうな生き方とは言えない。


この二十三ヶ月というのは、ほぼ休むこともなく彼の名前がメディアに登場し続けていた期間と一致している。

内容の大半は否定的なものだったが、基本は事実に基づいていると主張している。

彼の遺したツイートと、これらの〝お手盛りの道義《マニユファクチユアード・モラリテイ》〟とを上手く結び付けていけば、あるいは十四歳以降の彼の実像というものにたどり着くことも、おそらくは可能になるだろう。

しかしそれでも、ツイート開始の西暦二〇一二年の八月十三日よりも以前の時期にいったい何が起きていたかについては我々にわかることはほとんどないといっていい。

彼がこの世に生を享けたのは西暦一九九八年の一月二十三日である。

ジャセー・ドウェイン・リカルド・オンフロイと名付けられた。

嬰児の彼の肉体は、母の子宮からフロリダの地に産み落とされた。

ブロワード郡だ。

ねじの緩んだフロリダ州の中心地だ。

ネットの〝フロリダ人ネタ〟は有名だし、選挙の際にはいつも決まって票の数えなおしが行われる。

そしてここはジャセー・オンフロイが人生のほぼすべてを送った場所でもある。

彼は同地で死ぬことになる。

クレオパトラという名前の母親はまだ若かった。

十八だ。

父親の名はドウェイン・リカルド・オンフロイといった。
こちらは二十四だった。
そして〝ラスタファリアン〟だった。

生前のインタビューでXXXテンタシオンは子供時代の辛さについて語っている。避けがたく心に傷を残してきた自身の生い立ちについてこんな内容を話している。育児放棄。住む場所が次々変わったこと。集団生活介護施設で過ごした時間。放校されたこと。殴られもしたし、殴りもした。祖母の家に預けられていた時期もあった。だがこの祖母自身が彼が生まれた時にはまだ三十五歳でしかなかった。片親となった母親との生活は辛く、新たな男が現れるその都度暴力を振るわれた。

父親は不在だった。合衆国政府の実践していた十年単位の期間に及ぶ薬物撲滅政策に巻き込まれた形だ。ラスタファリアンたちは大麻を神聖視しているのである。これはだからつまり、今なお続く、世代を跨いで黒人男性たちの人生をめちゃめちゃにしてしまう制度的な陰謀なのである。

ドウェイン・オンフロイは囮《おとり》捜査に引っかかった。
場所はアリゾナ州フェニックスだ。

西暦二〇〇八年の出来事だった。

彼は四つの起訴内容のうち、二つについては抗弁した。

資金洗浄《マネーロンダリング》とそれから、数十キロ単位での大麻の売買の部分だ。

判決は百八ヶ月の収監だった。

かなり後になってからではあるが、オバマ時代に恩赦によって法改正が行われ、彼の刑期はほぼ残り一年にまで短縮された。


ＸＸＸテンタシオンの父親が逮捕されたのは西暦二〇〇八年三月十九日だった。

そして西暦二〇一五年の十一月まで刑期を勤めた。

収監された時、彼の息子は十歳だった。

出てきた時には息子はもう十七で、世界的名声を手に入れる、まさにその前夜に差し掛かりつつあった。


以下は西暦二〇一四年三月六日のＸＸＸテンタシオンのツイートだ。

クソみてエに嬉しい。親父が電話を寄越しやがった。しかも、ムショに慰問に来て、同房の仲間におめえのラップを聴かせてやってくれねえかって頼まれた。ニガどもを皆びびらせちまえ、だってよ。

さらにこんなふうにも続く。

そのニガがよ、おめえを誇りに思うぜ、だとさ。

先にも仄めかしておいたが、彼の父親の資金洗浄に関する訴追と、それに付随した薬物使用に関する判決とは、実は国家的陰謀の産物である。

どちらもがロナルド・レーガンのサインによって立法化された法令を根拠としているからだ。

この人物は〝反薬物〟といった言い回しや政策が大好物だった。

〝ただノーと言おう《ジャスト・セイ・ノー》〟という例のスローガンを思いついたのは彼の妻だ。

レーガン夫妻は八〇年代を通じてずっと、子供たちに薬物には手を出すなと教え続けていた。

このテレビ上がりの大統領はしかし、薬物の悪効を特定の世代に向けて説くのと時を同じくして、一方では議会の意向を最優先事項ともしていた。

それゆえ彼はニカラグアの反共勢力への資金援助を実行した。明確な違法行為だ。

考えられ得るどんな尺度を採用しても彼は犯罪者となる。

では、最悪なのはどの部分だったのか。

レーガンと彼の部下たちは、当時ニカラグアの共産主義政府に闘いを挑んでいる勢力が同時に薬物を資金源としていることも十分掌握していた。

まさにこの連中こそがコカインを合衆国へと持ち込んでいたのだ。いつだって感覚器の快感によってどうにか自らの恐怖を塗りつぶすことを切望している、そんな飽くなき欲求を深く抱えこんでいたのが我が国なのである。

しかしレーガンと部下たちは違う見方をした。

当時のあの、コカインベースの麻薬〈クラック〉の流行を造り出したのは、つまりは彼らだったのである。

あれは数え切れないほどの数の黒人たちの人生をダメにした。

しかもそのおかげで狂騒的なまでに法整備が強化された。

それらがＸＸＸテンタシオンの父親を州刑務所へと追いやった。

以上は推測などではない。

陰謀論を展開したい訳でもない。

公的な記録から導かれる結論だ。

大統領は犯罪者だった。

部下たちも同様だ。

普通のアメリカ人にはほとんど叶わないレベルでの犯罪行為に手を染めていたのだ。

一番ましな言い方をして、自分たちが薬物の流行を造り出している事実に見て見ぬ振りを決め込んだ。

大統領補佐官といった人々のうちの何人かが、こうした犯罪行為によって後に断罪されることは稀にある。

だが塀の中で過ごすことにまでなった者は一人としていない。

こうした面子のうちの一人が、当時のＣＩＡ長官という立場を利用し、マヌエル・ノリエガの資金洗浄と薬物売買とを支援していた。そうして彼は、ついにはレーガンの次の大統領ともなった。

名前をジョージ・ブッシュという。

最初の方のジョージ・ブッシュだ。

大統領になった彼はそのマヌエル・ノリエガとの戦争を敢行した。

薬物を流通させているというのがその理由だった。

そしてノリエガのケツを蹴り上げ、州刑務所へとぶち込んだ。

刑務所の場所はフロリダだった。

ドウェイン・オンフロイもまた、潜入捜査中の連邦捜査官に大麻を売りつけようとした咎《とが》で八年間のムショ暮らしを余儀なくされていた。

息子は父親なしで生きて行かなければならなくなった。

この本はだから、こんな感じのＸＸＸテンタシオンの若き日々の物語となる。

だが僕には、あらゆる伝記に必ず見つかるようなくどくどしい〝受難の歴史〟を書き連ねるつもりはない。

むしろ社会の形態が自ずともたらす様々な制度的要素が、どのようにして個人にとっての障壁に変じていくものかを暴き出そうというつもりでいる。

それゆえ本書はかくのごとく、政策レベルの陰謀が、複数の世代の黒人たちを刑務所へと送り込んだ事実から幕を開けているのである。

しかも悲しむべきことに、この陰謀は同時に、この黒人たちの子供らの世代にも容赦なく襲いかかったのだった。

行動は作られていくものだ。

そして社会的偽善が厳然としてそこに存在する。しかも、その社会それ自体もまた、自らは投票によって選ばれた最高位の官吏の手による、明文化できない種類の犯罪行為に苛まれながら、一方で貧困層の罪状に対しては、いかなる情状酌量も与えようとはしないのである。

本書は刑務所にいる父親からの電話を受け取り、そこにいる囚人たちのためにラップを披露した少年の物語である。

同時に一躍世界に躍り出た人物の話でもある。

最後にはだが、同じ勢いで連れ戻されていく。

本当 っぽいが いい

2
章

西暦二〇一二年の八月十三日にジャセー・オンフロイがツイッターを始めた時、本人も気づいてはいなかっただろうが、同時に彼は、いわば〝新たな自己〟とでも呼ぶべきものを創造し始めたのだった。

この時のiフォンの中の彼はまだフロリダに暮らす迷子の一人にすぎない。

一小節たりとて録音した経験もない。

XXXテンタシオンという名前さえ頭に浮かんできてはいない。

ただの十四歳だ。

彼はツイッターを検閲なしの告白のための装置として使用している。

頭に浮かんできた諸々を、シリコンバレーに住まう、自らの戴く大君主様たちの懐に入る金を生み出すためのコンテンツへと変換するよう誘導され育ってきた今どきの十代らにありがちな〝ああもうぜんぶ何もかもうんざりなのよ〟的な吐露の類とは、明らかに一線を画している。

ツイートを読んでいけば彼がそう簡単には見つからないほど正直な人間だったことがすぐにわかる。愚直というのが相応しいのかも知れないほどだ。

つまり彼のツイートは、まっとうな感覚を持ったまっとうな人間であれば決してネットに上げたりしようとは考えないような内容ばかりなのである。

山ほどの違法行為の数々は、その多くが自宅謹慎や保護観察期間中のものだ。しかしそれでケツに火がついたような様子も見当たらない。この事実は、有名になる以前の彼の、いわば刑事司法制度の観点からの存在の重要性といったものが、結局はその程度でしかなかったことを示唆してもいる。

誰も彼のＳＮＳなど見てはいなかった。

何度も繰り返し起きている事態がある。

しばしば彼はツイッター上で舌戦を繰り広げるのだが、その都度その相手の現住所を要求しているのである。

時折あまり賢くない連中が本当にそれを教えてしまう。

あるいは敵対している誰かが彼に密告したりする場合もある。

するとそこから先〝XXXテンタシオンは今そっちに向かっているぞ〟といったツイートが続くことになる。さらには〝今野郎の家の前に着いたぜ〟〝いよいよ直でやり合った〟といった具合にもなっていく。

同様に〝手を折っちまったよ〟というぼやきも数え切れない。

性衝動や性生活についてもあきれるほど細部まで書き込まれている。

実際この野郎はヤりまくっている。

まあ、若かったのだ。

ラテン系の女性がタイプだった模様だ。

そもそもは、極初期に比較的長く交際していた相手の一人が、音楽とそれから刺青という発想へと彼を導いたようでもある。


アカウントがまだ@fuckjahsehだった時代にはＸＸＸテンタシオンも、音楽の世界には基本関わりのない人々とやりとりしている。

同じ高校に通っていた面子や寝ていた女の子たち、それに、実際に周囲にいて彼本人を直接知っていた人々だ。

こうした人々の大部分がすでに自身のアカウントを消している。

従ってこれらの会話の痕跡は皆ひどくいびつな姿をしている。片側からのみの断片しか拾えない。ジャセーからの発信だけだ。


ブロワード郡のほかの子供たちがもう自分たちのアカウントは削除してしまった方が良さそうだと心を決める頃までには@fuckjahsehは@xxxtentacionになっていた。

名声へと至る道のりを歩き始めていたのだ。

そして彼自らが、この名声から自分が十四歳の時に始めた昔のツイッターアカウントへのリンクを張った。

ある道具を使い始めた時に最初に採った方法というのは、以後そいつを使う場面での基本となっていくものだ。

ブロワード郡のほかの子供らは皆、成長するという贅《ぜい》を楽しむことができていた。

あるいは変化といった方がいいのかも知れない。

しかし彼だけはついに、十四の時自らの手で作り上げた仮面に囚われたままだった。

そしてこの仮面がやがて公的な彼自身というもののすべてとなっていったのである。

自分が精神的に病んでいることについて触れる際、彼は決してふざけて茶化すようなことはしていない。

ツイートからは何かがおかしいことも明らかだ。

ソーシャルメディアが基本的には〝心の闇〟なるものと不可分であるからだけでは決してない。

アメリカ公民社会で一番イカれている人々のことを思い合わせてみるがよい。

誰のことを指しているかはお察しだろう。

もっとも有名な人々だと言い換えても差し支えはない。

彼らの共通点は何か？

ツイッターだ。

自らの死を望む彼の言葉は、いわばギリギリである。頻度も甚だしい。虚無感を顕わにすることも同様だ。そして、いとも容易く自分の愛が憎しみへと姿を変えてしまうことを嘆いてもいる。

確かに一日のどの時間帯であれ、ツイッターを覗けば〝死にたい〟と呟いている十代たちの姿を見つけることは簡単だろう。

だが自分の実際の住所を晒し、どうかここまでやってきて自分の頭を撃ち抜いてくれと懇願している者をもう一人見つけることは、たぶん難しい。できるものならやってみろ、くらいには言いたい。

ブロワード郡に西暦二〇一五年八月二十九日にＸＸＸテンタシオンが受け取った道路交通法違反の通知の記録が残されている。

若い女性が一緒だった。

二人は道路の端にいた。

何かのせいで口論になったらしい。

何にせよＸＸＸテンタシオンは激昂した。

道路に飛び出した彼は、そのまま時速五十キロで走行してきた車に向け突っ込んだ。

警察の報告書によれば重傷を負っていておかしくはない勢いで衝突したらしい。

それくらいのネジのぶっ飛び方をした男だったのだ。


同夜には二つのツイートが見つかる。

一つ目はこうだ。**病院は大っ嫌いだ。**

二番目はこう。**死んでりゃよかった。**


西暦二〇一五年六月五日には、七十分の間に続けざまにツイートが為されている。


死にてえ。

イきてえ。

そうする。

お前のことは諦めるよ。

地の果てまで追いかケテやるなんて奴は、本当に愛してなんぞいねえんだぞ。

でも、マジで惚れてる相手が自分の元から去りたいからってそのまま行かせてやるなんてのは、トンデモねえ弱虫か、さもなきゃ愛してなかったかだよな。

殺してくれ、頼むから。

さよなら。

だがこんなのも所詮はその日限りだ。

実にありふれた十代の妄言だ。暴力、薬物、セックス。権威と上手くやれないこと。

そしてまた、誰か黒人の子供が司直の餌食となる。


ツイッターアカウントを開設した九ヶ月後、西暦二〇一三年の五月十四日に彼は逮捕されている。

十五歳になっていた。

おそらくは初めてだったであろうこの逮捕が、彼の短い生涯の間に起きる諸々の中でも最も重要な出来事だった。


逮捕は彼が非合法の小遣い稼ぎに手を出している場面で起きた。

未成年であったがゆえ、記録はすべて非公開となっている。

何が起きたのかを探り出すことは難しい。

彼自身が取材の場面で語った内容がわかるのみだ。

それからそれが招いた結果と。

息絶え 絶えになお 叫び つつ

3章

時間一旦を西暦二〇一六年四月にまで進める。

この頃XXXテンタシオンはロスに出向いている。

そこで音声番組《ポッドキャスト》〈ノージャンパー〉の長時間インタビューに応じている。

誰にでも容易に手の届くような形で、彼がそれまでの自分の人生について事細かに語ったのは、この時が最初になる。

これ以前には、彼の経歴というものは、あちこちのソーシャルメディアに時折ほんの断片が散見される程度だった。

つけ加えて記しておくと、音楽関係の物書きというのはけっこう怠惰だ。

こうした要素を一つにまとめ上げようということをなかなかしない。

だがこの音声番組《ポッドキャスト》に出演したことで彼は、いずれは公の場で自分の強敵となって立ちはだかることになる人々に対し、小さくない利を与える形となったのだった。

つまりはそういう連中に、憤激していい理由をくれてやってしまったのである。

しかも悲しむべきことに、この取材こそは、若き日の少年院行きに関し彼が自ら口を割ってしまった場面でもあった。

〈ノージャンパー〉はメルローズ通りの競技用自転車《BMX》専門店からひとっ走りといった場所にあった。

この競技用自転車《BMX》店は、名前を〈クソ踏んじゃった《オンサムシット》〉といった。

ここにやってきた時、彼は仲間数人と一緒だった。

中にはスキー・マスク・ザ・スランプ・ゴッドもいた。同じブロワード群出身のもう一人のラッパーだ。


自分の犯罪歴を語った際、彼は四つの点を明確にした。

まずは、まだ幼いといっていい時期に、銃火器の所持、武装しての盗み目的での不法侵入、鎮痛剤のオキシコンチンの不法所持、けっこうな額の窃盗などで捕まっており、逮捕の際には暴力にこそ訴えなかったが抵抗はしたこと。

そして一年間収監されたこと。

その少年院でスキー・マスクと出会ったこと。

それから収監されている時期に、同じ房にいたホモセクシャルの少年をこてんぱんにぶちのめしたこと。以上の四つである。

最後の話はさすがにやや気持ちがよろしくない。ＸＸＸテンタシオンは、相手の顔の形が変わるほど殴りつけ、そしてその相手の血を自分の顔に、さながら出陣前のインディアンの化粧《ウオーペイント》のようになすりつけたのだという。

インタビューでは〝ホモ野郎《ファゴット》〟という言葉がこれでもかとばかりに使われている。

この〈ノージャンパー〉への登場以降〝良識ある白人《ライチャスホワイト》〟たちがXXXテンタシオンを取り上げる際には必ず、一年間の収監とスキー・マスクとの出会い、そしてXXXテンタシオンがゲイの青年を殴ったことが触れられるようになった。同性愛者への殴打行為はそれ自体この識者たちにとっては格好の引き金となった。長いこと待った末にいよいよ、自ら進んで〝守られる資格〟を失ってくれた黒人男性が目の前に登場してくれたという訳だ。

彼こそは連中がずっと心待ちに求めていた、最新の、そして非常に大きな格好の獲物だったのである。

誰からも差別主義者呼ばわりされることなしに大手を振って真っ向から批判できるアフリカ系アメリカ人だ。

新たなるO・J・シンプソンだ。

そしてこの〝良識ある白人《ライチャスホワイト》〟たちというのは、よし怠惰ではないとしても、結局のところ大した輩でもなかった。自分でちゃんとした調査をしようとなどする者など一人としていなかったのである。

誰も彼の言葉を検証してみようとすらしなかった。

でも、それは難しくもなんともなかった。

彼のツイートはこの時もちゃんと最初の一個からそこにあった。実際には何が起きたのか、その決定的な事実を提示していた。

さらにいえば、法執行当局のフロリダ支部まで出向いて二十四ドルを支払えば、骨子だけではあるが、当人の若い頃の記録を閲覧することだって可能なのである。

僕はそいつを支払った。

定職なんてものさえ持たない僕にも彼らはちゃんとその個人情報を売ってくれた。


僕にわかった範囲ではあるけれど、彼が〈ノージャンパー〉に話した内容のうちのほとんどは到底真実とは呼べないような代物だった。

確かにこいつは奇妙な事態だ。

前の章で僕ははっきりこう書いている。彼のソーシャルメディアの使い方の一切、少なくとも西暦二〇一六年の逮捕以前の内容からは、彼がそう簡単には見つからないくらい正直な人間だったことがすぐにわかる、と。

彼はそういうやつだった。

喋り出すと止まらない。

何にせよ事細かに細部まで語り出さずにはいられないのだ。

コメディアンのクリス・ロックのジョークのうちでも五本の指には入るだろうという傑作にこんなのがある。

「大先輩リチャード・プライヤーは実は、有史以来最も開けっぴろげな人間だったんじゃないかなと思っているよ。だって、イエス・キリストだって弟子たちにすべてを語っていた訳ではないだろう?」

僕はどうやらもう一人候補者を推薦できそうだ。

時系列順に内容を整理すると次のようになる。

西暦二〇一三年四月十四日、彼は逮捕された。

理由は銃火器を隠し持っていたこと、これらを盗みの目的に使用するつもりで所持していたこと、そして武装してどこかに押し入ったことだ。

彼が〈ノージャンパー〉で挙げていたほかの事由については、この時の逮捕においてはどんな証拠も見つからない。

彼は二十一日間、少年用拘置所に留め置かれる。

西暦二〇一三年五月五日には一旦釈放されている。

だが二日こっきりだ。

西暦二〇一三年五月七日、一年間の少年院行きを命じられ、そのままただちに現地に送致されている。

彼がスキー・マスク・ザ・スランプ・ゴッドと出会うのがここだ。

スキー・マスクは本名をストークリー・ゴルバンという。

彼もまたブロワード群の出身だ。

二人は相部屋になった。

XXXテンタシオンは独房だったと言っている。

二人はほどなく、どうやったらこのクソみたいな人生から抜け出せるのかといった話を交わすようになる。

幸先よいタイミングだったといってよい。

逮捕の数週間前に当たる西暦二〇一三年三月二十九日に、ジャセー・オンフロイはチーフ・キーフのアカウントにこんな書き込みを残している。

@ChiefKeef俺あんたに聴いてもらいたいものがあるんだ。

当時チーフ・キーフはネット出身のラッパーとしてまさに波に乗っていた。


このツイートこそ、ジャセー・オンフロイが音楽に興味を持っていたことを公に示す最初のものだ。

あるいはすでに作っていたのかも知れない。

それから彼は塀の中に行く。

そしてスキー・マスク・ザ・ゴッドと出会う。

以降の四年間を彼は、この相手と組んでヒップホップ集団を作り、音楽を生み出し、そしてステージに立って送るのだった。

XXXテンタシオンが再び娑婆《しゃば》の空気を吸ったのは、西暦二〇一三年の六月十一日だった。

二週間の仮釈放が得られたのだ。

外界に出てきた彼の、三番目のツイートがスキー・マスクへのものだった。

こうだ。

@Hurt_Godよう、このクソ野郎。

西暦二〇一三年の六月十五日にはツイートに歌の断片へのリンクを張っている。

ジャセー・オンフロイの音楽が世界に向け公開されたのはこの時が最初だった。

翌西暦二〇一三年の六月十六日、彼は再びスキー・マスクにツイートしている。

@Hurt_Godどうせオバハンのケツの穴でも舐めてんだろ？　代わりにスタジオ行かねえか？

西暦二〇一三年の六月十八日には、彼はやはりスキー・マスクに、今度はリンク先のアドレスを送信している。

直前に〈サウンドクラウド〉に自分でアップした曲へのリンクである。

曲のタイトルは「ニューズ／フロック」といった。

〈サウンドクラウド〉は西暦二〇〇八年頃から実働しているＳＮＳだ。

人々は音楽とか、時には効果音といったものを作り、それら創作物をここにアップロードする。

ほかの人々はこの創作物を聴くことができる。

シリコンバレーのヴェンチャー投資家たちの資金によって設立されたほかの諸々と同様、この〈サウンドクラウド〉もまた、クリエイターたちに対して何らかの対価を支払うような無粋なことはしなかった。


ＸＸＸテンタシオンがこの〈サウンドクラウド〉に首を突っ込むようになったのとほぼ時を同じくして、ちょうど片手に余るくらいの数のイカれラッパーたちが、自分たちの曲を同じ土俵に乗せ始めた。

後にこの事実は音楽ジャーナリストたちにとって、ある種マタタビのような効果をもたらすようにもなった。

〝流行りの予感〟というやつだ。

〈サウンドクラウド〉に首を突っ込んでいたということ以外には互いにほぼ共通点など持たなかった彼らが、実際これだけの条件であれば実は大体千二百人くらいの人間を指すことになるのだが、とにかくこのようにして括られていった集団はやがて〝サウンドクラウド・ラッパーズ〟と呼称されるようになっていった。

西暦二〇一三年六月二十三日、仮釈放を終えたＸＸＸテンタシオンは少年院に戻る。

次に家に帰ったのは西暦二〇一三年八月十日だ。

けれどすぐ追い出された。

この二ヶ月半という期間が、いや、院送致命令に先立った二十一日間を加えれば三ヶ月と一週間ということにはなるのだが、これがだから、彼が少年犯罪者として更正施設の類で時を過ごさなければならなかったそのすべてである。


もしマスコミなるものがＸＸＸテンタシオンに対してどれほどひどい扱いをしてきたのかを少しでも知りたいと思って戴けるのなら、今こそがその機会である。

フロリダ州においては、少年犯罪者は、成人のようなちゃんとした裁判を受けることがなかった場合、一年も刑務所で過ごすことは有り得ない。

そもそもフロリダには少年刑務所というものがない。

あるのは監視付きの拘留施設だ。ここは、裁判前のいわゆる容疑者たちの拘置所としても機能している。ほかには外部の民間の、住み込み型の更正施設が利用されている。

このうちの幾つかは確かに監視付きである。

しかし繰り返すが、刑務所ではない。


西暦二〇一三年六月一日にはもう、スキー・マスクの方は先にツイッターに復帰している。

釈放されていたのである。

スキー・マスクのツイッターアカウントには、西暦二〇一二年の十一月から翌西暦二〇一三年の六月までの期間、一切書き込みは見つからない。この事実からは彼が、XXテンタシオンが入ってくるよりずっと以前から、すでに少年院の住人だったのだろうことが容易に推測できる。

二人の刑期はだから、大雑把に見積もってもおおよそ一月ほどしか重なってはいないのである。


人間の営為というものの暗黒面がここに見つかる。

すべては時系列に支配される。

でも僕らはすべてを感覚によって理解する。

その二つがぶつかってしまった時、僕らはどうしていいかわからなくなる。


同性愛者への暴行については記録がない。

だからといって、ただちにそんな事実などなかったということには決してならない。

フロリダの若年更正施設に関する僕の知識は現状、西暦二〇一七年に〈マイアミヘラルド〉紙上で連載された、州政府が州内の少年犯罪者たちに課している一連の使役について考察を加えた特集記事にほとんどすべてを負っている。

このアメリカという国が、貧困層や住む場所すら持たぬ者たちに対しても恒常的に示していると、一般的には一応はまかり通っているはずの姿勢を考え併せれば、同記事に報告されている使役の野蛮さ、あるいは非人間的さ加減というものは、たぶん十分驚くに価する。

この連載は、タイトルを『ファイトクラブ』といった。


西暦二〇一四年一月十三日、彼はこうツイートしている。

@nasty_doee 一ヶ月間監獄にいた。その後は六ヶ月少年院だ。そんで家を追ん出された。今にも凍えちまいそうだ。

西暦二〇一四年二月二十三日はこういうのが見つかる。

笑えよ。あんたん家《ち》に盗みに入ってあんたの女《スケ》をやっちまったら七ヶ月食らったぜ。


これらは西暦二〇一六年の逮捕に先立つ彼の二万七千件のツイートの中で、ただ二つきり僕が嘘だとわかった事例である。

なるほど真実が隠されている場合はある。そして誇張も見つかる。

だが本物の嘘は？

ほぼ皆無だ。

それゆえこの彼の明らかな虚偽はこちらの目を引かずにはいない。

かつ非常に雄弁でもある。

彼が嘘をつくのはただ唯一の事柄に関してだけだからだ。

〝ちんぴらっぽさ〟だ。

彼は十代の少年で、楽しみも何もなかった。

誰も彼に注意を払ってなどいなかった。

思春期の少年は、せめてソーシャルメディアの中だけででも、強烈に認知されたかったのである。


しかしこの嘘はまったく不必要なものだった。

ＸＸＸテンタシオンは事実信じられないくらい暴力的だった。

彼が誰かをめたくたに叩きのめしている映像ならネット上に百万も見つかる。


普通のものとはまるっきり様子の違う喧嘩が二種類ある。

武術の訓練を受けている者のそれと、悲惨な幼少期を送ってきた者のそれだ。

後者は見ただけですぐわかる。

学校のゴミ捨て場に投げ込まれ、ついには誰かの目にペンを突き立ててしまうようなタイプである。

無感情にも見えていた様子から激昂へと変わるのにほんの一秒もかからない。

そして止まらなくなる。

世界が脅かされた時、そして、それがもっとまっとうであっていいはずだと思えてしまった時、彼らにとって暴力は身近なものとなる。

ＸＸＸテンタシオンはこのタイプだった。

彼の暴力は、そういった哀れな種類のそれだった。

自分でもその点をわかっていた。

西暦二〇一五年五月九日
誰からも〝あ、バカで暴力的なニガがいやがるな〟的なあの目つきでこっちを見たりされたくない。俺は違う。
西暦二〇一五年五月十九日
俺はたぶんもうちょっと人間的に、あんまり荒っぽくならねえよう自分を戒めなくちゃならねえ。言っちまえばだから、愛にあふれてねえと。
西暦二〇一五年七月二十八日
俺ってやつはなんて暴力的なんだ。自分でも怖くなる。

普通に考えれば頭部への打撃は何らかの医療措置を必要とするだろうし、そうなれば多少でもなにがしかの記録が残されるものなのではないかと思われる。また、僕自身彼のツイートの中に、こうした事件を仄めかしているようなものを見つけられなかったことも事実である。

それに〈マイアミヘラルド〉紙上の『ファイトクラブ』の記載を信じるなら、XXXテンタシオンが語ったような暴力沙汰については報告書が作成されていて然るべきでもある。さらには彼が有名になった後も、いわば名声と暴力沙汰との組み合わせが抗い難い麻薬のようだったあの時期に、彼からの暴行を受けたと申し立ててきた者が一人としていなかったことも本当だ。それに、この事件を語った取材の間、彼は平気でさらに幾つかの嘘をついてもいる。

以上を鑑みて僕は、この事件が彼の言葉のようなものだったことは有り得ないだろうなと思うのだ。

たとえ何かがあったとしても、である。

だがそれでも。

この〈ノージャンパー〉の取材の際ずっとXXXテンタシオンの隣に座っていたスキー・マスクは、自分の友人が何の話をしているのか、ちゃんと分かっているような顔をしている。

しかし彼は同時に、ＸＸＸテンタシオンが一年も刑務所にいたような振りをしてもいたのである。

汝《なれ》は吸血鬼《ヴァンパイア》なるか？
嬰児《みどりご》の我は死と歩む

4章

酔っ払ってへろへろになった従姉妹というのを思い浮かべてみて欲しい。

結婚式の場面だ。

彼女は「オールウェイズ・ラヴ・ユー」を歌っている。

奇跡的に音程を外すことこそしてはいないけれど、残念ながら決してホイットニー・ヒューストンのようには聴こえない。


旋律とは音符の連続で、歌を貫いてその骨格を為す。

歌にとって何よりは必要不可欠な、誰もが口ずさめる箇所だ。

和声というのは、それ以外の楽器や声が作りだしている音である。

リズムはビートであり、そのビートがある一曲を通じて現れてくる、そのやり方でもある。言い換えればグルーヴだ。

歌詞は歌詞だ。


大雑把な言い方で大変申し訳ないが、〝音色〟というのが音楽の中で、上に並べた四つの要素のどこにも分類できないもののすべてである。

この〝音色〟こそが、ホイットニー・ヒューストンをしてホイットニー・ヒューストンのように聴こえさせている。

この〝音色〟こそが、ホイットニー・ヒューストンを国際的大スターにした。

そしてあなたの従姉妹が結婚式でしか歌わない理由でもある。

ラップというスタイルは、この音色とリズムとがほぼすべてだともいえる。

それはつまり演者個人の実演に拠って成り立っているということでもある。

音楽においては、個人の実演そのものもまた複製に関与する部分でも固有の権利を持っているという考え方は、実は十分に新しいものだったりする。その基盤となっている楽曲それ自体がずっと守られてきたのとは対象的だ。西暦一九七六年の著作権法改正以前には、少なくとも合衆国政府の判断においては、音楽の実演については権利を主張することができなかったのだ。

実演を支える譜面に起こされた音楽に関してはどうだったか？

もちろん楽曲は著作物だった。

しかしその演奏は？

そこに著作権は認められてはいなかった。

それを守ろうと思えば州法を幾つか組み合わせて主張するしかなかった。

まあ、第一人者《ビッグダディ》ともなれば話は別だが。

そしてこの楽曲の著作権なる概念は、まずは旋律と歌詞とによって定義されていた。

仮に時間と空間とを操る種類の奇跡が起きて、ＸＸＸテンタシオンが西暦一九七五年に「ルック・アト・ミー」を録音していたとしよう。当時の合衆国政府の考え方の元ではたぶん著作権保護の対象となっていたのは歌詞だけだったはずだ。

実演そのものではもちろんない。

マーラの「チェンジズ」からサンプリングされたバックトラックもそうはならない。

リズムも対象外だ。

ディストーションのエフェクトも同様だ。

ビートもそのようには見做されない。

そして、これはサビも和声も持たない曲である。

サビに相当する旋律を伴わない歌詞が、さて音楽的著作物として権利を保護されるかどうかを断言できるほど、僕自身は条理《アルカナ》法に通じてはいない。

でもひょっとすると、詩としての著作権しか彼には認められなかったのではないのだろうかとは思う。

こっち向け《ルック・アト・ミー》
俺を滅茶苦茶にしろ《ファック・オン・ミー》
©1975　ジャセー・オンフロイ

ところで実はこの事例は、制度的差別主義が俎上に上る場面で人々がこぞって口にするような物事の、その格好なサンプルともなっている。

一連のXXXテンタシオン絡みの案件だけではない。

ヒップホップのすべてがそうだ。

それは最初からそうだった。

ターンテーブルの上で作られる、いびつな《ブレイク》ビートに乗せて発せられた言葉《ライム》たちのすべてである。


「リベンジ」はXXXテンタシオンの作品のうちでも著作権法を作った人たちが曲だと考えそうなものに非常によく似た一つである。

旋律があり和声があり、歌われていると呼べそうな歌詞もある。ヴァースと呼んでよさそうなものも見つかるし、コーラスもあって、グルーヴだけが特に際立って強調されている訳でもない。

音楽も歌声も歌詞の内容に真っ向から抗って、いってみれば快活だ。この曲の主人公は、かつての恋人に対し、まだ掘っても居ない墓穴に彼女と自らとを一緒に放り込むような形の復讐を、はたして実行すべきかどうかと延々思い悩んでいるのである。

西暦二〇一六年一月十八日、XXXテンタシオンはこうツイートしている。

マジ徹底的に俺の音楽を聴いてもらえりゃ、俺がラッパーじゃねえってこともわかってもらえるはずだ。

「リベンジ」はこの宣言を裏付けるものでもある。

御承知の通り、これはラップとはかけ離れている。

このほぼまったく対極にあるのが「スキゾフレニア」だ。

コーラスも和声もない。旋律もほぼないといっていい。同曲はただ、三つの奇妙なパートによって構成されているのみである。

冒頭ＸＸテンタシオンは、自分の頭の中に響いている声について囁いている。それがそのままギター主導の中間部分へと接続され、それに乗せ今度はＸＸテンタシオンは、まるで西暦一九八〇年代初頭のマンチェスター出身のポストパンクバンドみたいな歌声を披露したかと思うと、それが出し抜けに叫び声へと変わり〝諦めるな《ドント・ギヴ・アップ》〟とだけ二十回ほど繰り返して終わる。

〈サウンドクラウド〉時代の初期の彼の楽曲は、三分かそれ以上あった。

キャリアが進むにつれそれがどんどん短くなった。

「スキゾフレニア」が発表されたのは、首筋への銃弾のほんの数ヶ月前になる。

一分二十秒だ。

完璧な長さだ。

急襲としては十分だが、あまりに短か過ぎ、聴き手に何か理解できたといった感覚を残すことはほぼ皆無である。

十分な把握など到底及ばない。

ただ〝もっと欲しい〟という気持ちにだけさせられる。

そしてまさに「リベンジ」と同様、こちらもラップから得られるものとはかけ離れているのである。


「ファインド・ミー（イントロ）」は『メンバーズ・オンリーVOL3』収録の最初のトラックである。

『メンバーズ・オンリーVOL3』は、XXXテンタシオンが立ち上げた、ブロワード群出身のラッパーたちの集団自体の名前を冠した三番目の作品集で、唯一の商業発表作品でもある。

アルバムの残りの部分はなお荒削りのままの音の奔流と、メンバーたちの音楽制作の熟練度のある種の見本市とでもいった赴きで、ノイズが強調され、歪んだユーモアと音の割れさせ方とはちょっとうんざりするほどだ。

だからほかの収録曲たちと比べると、この「ファインド・ミー（イントロ）」は、考えられ得るかぎり最も奇妙な開幕だともいっていい。

たぶん『17』に収録されていた方が本人も居心地よかったはずだ。

『17』とは、商業リリースされたXXXテンタシオン最初のスタジオアルバムだ。ヒップホップ誌『XXL』でのインタビューでXXXテンタシオンは、この『17』のことを〝ネットが生み出した、いわばオルタナティヴR&B《リズムアンドブルース》とでも呼ぶべきジャンルに属するものだ〟と形容している。

ネット由来の現代の音楽のサブジャンルにかかる用語の一切がそうであるように、この〝オルタナティヴR&B〟なる術語も、そこに含まれるとされているアーティストたちをどうにか結びつけてみようとしてみると、ほぼまったく意味を為さなくなる。この言葉は〝やつらは最新技術を駆使し、二十年前にクソみたいな連中が録音した最悪なデキのカヴァーヴァージョンみたいには聴こえない曲を作ったよ〟くらいに言っているのとほぼ変わらない。多少ましなくらいだろう。


XXXテンタシオンが自分の〝オルタナティヴR&B〟をやり始めると、彼の声は、ボブ・ディランの声が美しいのと同じ意味で実に美しく響いた。

アメリカの音楽の巨星たちの間に共通して横たわり、支えているような美しさだ。美の鑑定家だなどと自称したがるような向きの輩の耳には、決して届かない種類の美しさである。

バンジョーを手にした貧しくて老いぼれの南部野郎《ヒルビリー》が、窪んだ道の一番底にいるみたいな音だ。

路地裏のひび割れた音符のようだ。

ホイットニー・ヒューストンを歌う従姉妹みたいだ。

XXXテンタシオンはまるで傷ついてただじっと蹲った獣のように響く。

世界で一番悲しい人間みたいに聴こえる。

ザ・ウィークエンドのミックステープを聴き過ぎて、純粋の悲しみみたいなものを手に入れてしまい、彼らを追いかけようとしているようにも響く。

だから、そういう声の一つなのだ。

アメリカのレコード業界の歴史の中でも二十人くらいしか見つからない。

ジョニー・キャッシュにオール・ダーティー・バスタード。エタ・ジェイムズにレッドベリー。

技術なんてものは突き抜ける。

そういう存在だ。

痛みの音色だ。

『VOL3』のアルバムのジャケットやライナーといった素材は、西暦二〇一七年一月三十一日にサイトの〈ホットニューヒップホップ〉に投稿された記事の引用から作られている。

タイトルはこうだ。

「XXXテンタシオンに関して知っておくべきすべて」

この記事こそまさに、音楽関係のジャーナリズムの間にあの頃まかり通っていた、彼の伝記的な部分に関するナンセンスの縮刷版といった赴きを呈している。

なんとなく正しくも見えるが、圧倒的に間違っている。

生肉みたいな人生なる素材をひとまとめにして機械に突っ込んだら、ピンク色のぬめっとした泥みたいなのが出てきた。そんな感じなのである。

「VOL3」に見つかる引用は、こんな具合に続いている。


彼自身の言葉に拠れば、XXXテンタシオンは〝若き野蛮人《ヤングサヴェイジ》〟みたいな人生を送ってきたのだそうだ。更正施設に祖母の家、他人の家への押し込み強盗。気づけば手に負えない逮捕履歴《ラップシート》ができあがっていた。武装した上での昼夜を問わない盗みの数々。銃火器の所持。逮捕の際の公務執行妨害。三件の重大窃盗、オキシコンチンの所持。警官は彼の拳銃に、殺傷力の高い狩猟用のホローポイント弾を見つけたらしい。本人は一年を刑務所で過ごしている。彼がスキー・マスク・ザ・スランプ・ゴッドと出会ったのがこの場所だ。こちらもまた才能あるラッパーで、二人はすぐさま深い絆で結びついた。釈放を機に彼らはウィフィッシュフューネラル、クレイグ・エクセンらと合流し、今〈メンバーズ・オンリー〉として知られるラッパー集団を結成した。

しばしボブ・ディランについて語る。

西暦二〇〇〇年代に入ってから彼は、舞台に上がるたび、まずは誰だかが〈バッファローニューズ〉紙に書いたという記事の一部をステージの責任者に読み上げさせ、その夜のライヴの幕を開けることにしている。
この人物が読むのは大体こういう内容だ。

お集まりの紳士淑女の皆様、どうぞロックの月桂詩人《ポエトローリエイト》をお迎え下さい。六〇年代のカウンターカルチャーの歌声です。無理矢理フォークをロックの褥《しとね》へと送り込んでしまった男です。七〇年代には化粧で装い、そして一時期は大量消費の薄靄の中へと身を隠してしまいましたが、イエスに触れたことで再び姿を現わしました。八〇年代の終わりの時期には時代遅れの遺物などと形容されたりもしましたが、九〇年代の終盤になって彼は突如ギアを入れ替えたかと思うと、長いキャリアの中でも最高といっていい質を誇る作品群を次々と発表し始めたのです。紳士淑女の皆様、〈コロンビアレコード〉の契約アーティスト、ボブ・ディランです。

ボブ・ディランに関して知っておくべきすべてだ。

この先も、どの一箇所たりとて変わることはない。

「アップ・ライク・アン・インソムニアック《不眠症患者のように覚めて》」は、ラテン・ヒップホップとも呼ばれるフリースタイルである。ＥＰ《エクステンディッドプレイ》盤『ア・ゲットー・クリスマス・キャロル』を締めくくる位置に置かれている。このＥＰは全体で九分八秒の尺しかない。

そして、このトラックには旋律もなければ和声と呼ぶべきものもない。

あるのは強烈《キラー》なビートとヴァース二つほどの歌詞、それと十五回ばかりも繰り返される〝売女《ビッチ》、俺は起きてるぜ《アイム・アップ》〟という一行きりのサビである。

最初の部分でＸＸＸテンタシオンは、それこそマンガのキャラクターみたいな声で幾つかの内容を行き来する。

もっとも、こういう変な声でラップできる人間はたくさんいる。

けれど第二ヴァースとなったところで間違えようもない独特の手触りが浮上するか。

今度は二つの流れが交錯する。それぞれの歌い方が違っている。

ユーチューブを探せば同曲への人々の反応の映像というのも見つけられる。そうすると、衝撃を与えているのは、この最初の方の歌唱法であることがわかる。

まるでレコードから弾き飛ばされてしまった針みたいなのだ。

理由はこの箇所で、ここまでＸＸＸテンタシオンが一切見せていなかったようなシャウトが聴こえてくるからである。これがまた耳障りなほどエッジが効いていて、非常に効果的なのだ。

まるで誰かがまた別のフロリダ出身の著名人、冒涜《セミナル》デスメタルバンド、ディーサイドのフロントシンガー、グレン・ベントンを連れてきて、ゲストヴォーカルに迎えたようでもある。

そしてまあ、グレン・ベントンはあきれるほどクソみたいにカッコいいのである。

この事実はまた僕に、本書で掘り下げることはさすがにいかんともしがたい内容を仄めかしてもくれた。それでも結論だけでもやはりここで書いておくことにする。デスメタルの起源はフロリダにある。

デスにディーサイドに、カンニバル・コープスにモービッド・エンジェル。

だからここで、このシャウトに見事に封じ込められている不快な響きは、明らかに地政学的に彼にも受け継がれていた遺産なのであるといった説を展開することも、おそらく可能なはずなのだ。

もしこの曲で初めてXXXテンタシオンの音楽に触れたとしたならば、明らかに不必要なこんな印象を抱いてしまうのではないかとも思う。

ひょっとしてこいつはその気になれば人を殺せるやつなんじゃないだろうか。

以上取り上げた四曲はランダムに選んだ。

僕はストリーミングオーディオの音質には極めて懐疑的である。なので、音楽は今でもＭＰ３とフラックで聴いている。

そんな訳で、ＸＸＸテンタシオンのファイルを一切合切ウィナンプ《WINAMP》に突っ込んで、最初に流れてきた四曲をここで取り上げることに決めたのである。


旧式の技術で適当に抽出されたこの四曲からだけでも、ＸＸＸテンタシオンが実に幅広いジャンルを横断する形で作品を作り上げていたことがわかると思う。ラッパーと呼ばれる人々は決してこんなことはしなかった。

そして、こうした異なる声の使い方や変化に富んだアプローチにもかかわらず、どれを聴いてもここにいるのが誰かについては、一片たりとて、ほんの一瞬たりとて、疑問を挟めるような余地は見つからないのである。

彼はいつも彼自身のように響くのだ。


少し大局的な見方をしてみる。

人類が滅びるその日まで、おそらくデイヴィッド・ボウイはずっと、本人の黄金時代について、白人の有識者とかいう人たちから自慰行為にも等しいような言葉を浴びせかけられ続けることになるはずだ。曰く、彼はアルバムから次のアルバムへと移るごとに自分の輪郭まで変化させながらも、同時に自身の確固たる比類なきアーティスト性というものを維持していたのだ、と。

『ア・ゲットー・クリスマス・キャロル』を聴けばXXXテンタシオンもまたまったく同じことをしていたのがわかる。

それもたった五曲のうちに、だ。

同じ作品集の中で、だ。

わずか九分と、それから八秒の間に、だ。

かつて人々は、ロックンロールを革命の音楽として捉えていた。マジな話だ。

ギターとワウペダルで武装した、四人から五人の労働者階級出身の間抜け野郎《イデオット》たちが作品を録音するそもそもの動機というのは、来たるべき社会的変革の、その先駆けとなることだったというのである。

これこそが、当時毛沢東かぶれ最盛期にあったジャン＝リュック・ゴダールが、西暦一九六八年のまるまる一年間を、ジェファーソン・エアーシップとローリング・ストーンズとの撮影に費やした理由でもある。

こうした精神性の最も笑えてしまう事例は〈CBS／コロンビアレコード〉が西暦一九六〇年代終盤に打ったこの広告だろう。

この妄想の起点となったのもたまたまボブ・ディランその人だった。

人類は僕らの音楽を打ち砕けない

彼もまた〈コロンビアレコード〉の所属だった。

しかしこれは彼の過失ではない。

彼はただ音楽を作りたかったのだ。

しかし、彼の書く詞にはなるほどそういうものを感じさせる何かがあったし、二年の間、極左と見做されるような立ち位置に自分に身を置いていたこともまた事実である。やがて誰もが、ロックとは革新性めいたものをその内部に潜在的に有しているのだと信じるようになってしまった。

そして彼の歌にはなにがしかそういうものが潜んでいると。ふざけるな。

この人物について書かれた数多の書物の大多数にはこうした内容が書いてある。

よし千には届かないとしても、数百の単位で刊行されているはずだ。

グリール・マーカスの手になる二冊の例外を除けば、これらはすべて、目も当てられないクソである。

極初期の時代から、人々は歌詞とその意味というものを議論の俎上に載せてきた。しかしながら、それが音楽の流れに沿うように配されている事実について書かれることは稀だった。

ディランを軽視するつもりはない。彼は二十世紀が産んだアメリカの大天才である。

その彼がどうにかしてその愚を犯さぬように我が身に気をつけていたことは、決して政治的抗議行動の類の頌歌《アンセム》と成り得るような曲や、あるいは一般のここアメリカでの生活に根差した種類のバラードを書いてしまうことなどではない。そういった詞に対し、いかにも嵌まり過ぎているサウンドを見つけてしまうことだった。

ディランには歌詞など大した重みを持ってなどいなかった。

問題はむしろその語の使用により得られる響きの方だった。

彼ならどんなものだって歌えたからだ。

テイラー・スウィフトが自身のアルバム『一九八九』を発表した後、ライアン・アダムスがこのアルバムを一曲一曲まるごとカヴァーするという作品を発表している。

こちらもまた『一九八九』と題されている。

そこには当然「ウェルカム・トゥ・ニューヨーク」も収録されている。スウィフトのアルバムからのセカンドシングルだった曲である。

アダムスのヴァージョンの方の「ウェルカム・トゥ・ニューヨーク」は、ブルース・スプリングスティーンの超劣化コピーみたいに響く。

ライアン・アダムスが彼の『一九八九』を公にした後、今度はファーザー・ジョン・ミスティが、ライアン・アダムスのヴァージョンの方の「ウェルカム・トゥ・ニューヨーク」をカヴァーしている。

ミスティはこれを、初期のヴェルヴェット・アンダーグラウンドみたいな感じでやっている。

そんでまあ、ライアン・アダムスの〝超劣化版ブルース・スプリングスティーン〟とは裏腹に、ミスティの〝ヴェルヴェット・アンダーグラウンド風スタイル〟は、ものの見事に完璧なのである。

ミスティはVUの本質を捕まえている。

そしてこのサウンドが「ウェルカム・トゥ・ニューヨーク」を新たに生まれ変わらせているのである。

スウィフトのオリジナルに見つかった、ロシアの寡頭政治の足元が揺らぎ始めたことに対する虚ろな称賛みたいなものや、あるいは即席麺屋の〈モモフク〉の化粧室で大量にコカインでもキメているような空気はすっかり脱ぎ捨てられている。

むしろ見事なまでにかつてのニューヨークを顕在させている。

タイトルにもなっているサビの一節が、すなわち同市へやってきたことに対する最も単純な歓迎の台詞が、まるで移民で作家でゲイカルチャーの先駆者でもあったあのクエンティン・クリスプが、マンハッタンとブロンクスを結ぶ三番街の界隈で〝ねえ、ヤクでも一緒に盗んで来ましょうか〟と囁いているみたいに響くのである。

ポピュラーミュージックの世界のすべての住人と同様に、ヴェルヴェット・アンダーグラウンドもまたその音色によって定義されている。

雰囲気があるのだという。

しかしこの言い回しはまやかしだ。

音をちゃんと聴けばわかる。


自分で意識していたかどうかはともかくとして、ＸＸＸテンタシオンもまた、文化としてのヒップホップなるものがジャンルとしてのラップとは一線を画すものであり、そして、音楽という形から浮かび上がってくる文化的側面というものが、ただもっぱら音色と実演とによってのみ決定されていくものなのだとすれば、であればもし自身がヒップホップから生まれてきたのであれば、たとえ何をやったとして、それはあくまでヒップホップになるのだということをちゃんと理解していた。

そしてまた、ラップというものが、アメリカのポップミュージックの中の一つの潮流が到達した、その最高点であることも肌で感じていたのだと思う。

それはそもそもの最初からそこにあり、そして録音技術の発達が、かの〝ティン・パン・アレイ〟の息の根を止めてしまった後にも、再びどこからか湧き起こってきた、変換可能なある種の民俗的イディオムの潮流である。

そいつはつねに音に現れてくるものだった。

音色こそが最も重要なのだ。

それだけだ。

ここまでいろいろ綴ってきた中で一番重要なのは〝ポップミュージック〟という術語である。

彼らの時代、ガレージでバンドを組むような連中がこの頃の〈サウンドクラウド〉の格好の餌食となっていった。

有名になりたいとか、自分を表現したいといった気持ちに囚われた際、一番お手軽にたどりつける場所がここだった。必ずしもなにがしかの才能がある必要すらなかった。

ありとあらゆる世代の人々がミック・ジャガーになりたがっている。

だがそんなことができた者はただの一人としていない。

自分だけの音というものを見つけ出すことは、再生産可能な大衆文化のある種のアイコンとでもいった形の中へと自らを落とし込んで行くことよりも、現実的にはよほど難しいのである。

生まれつきそれを持っている者もいる。

苦心してそれを作り上げる者もいる。

それを手にした者も、ほとんどが結局は失くしてしまう。

西暦一九七二年以降は、ミック・ジャガー本人ですらミック・ジャガーにはなれてはいない。

ラップの革新性というのはつねに人々を慄かせてきた。

それは最初からそうだった。

その起源をどこに求めるかという〝学術的〟なアプローチの有り様を見れば、この点はすぐにわかるはずだ。

西アフリカの語り部《グリオ》、ポン引きの口上、文化的記憶。

これらを共通して支えているのは以下のような考え方だ。この新奇な現象も、いずれ歴史がちゃんとした説明をしてくれるのならば、その正当性についてはなんら懸念を持つ必要などないのです。

僕はこの彼らの抱いた居心地の悪さというものは、おそらくは真に革新的と呼べるこのヒップホップなる事象が、アメリカでも最も貧しいといっていい人たちの間から生まれてきたことと、そして、彼らの言葉遣いにそのすべてを負っているという事実に由来しているのではないかと穿《うが》っている。

この不安定さは結局のところ、ただ自身の孕んでいた矛盾ばかりをもっぱら助長するようなやり方で作用する。

ラップ以上に歌詞の存在を強調し、かつその緊張感と美しさとを前面に出してくる音楽のジャンルというのは、ここアメリカには存在していない。

しかし、本当に歌詞を気にしている人たちというのはそもそもが少数派で、しかもつねに減少傾向にある。

ＫＬＦの著書『マニュアル――いかにして楽にナンバーワンを出すか』を思い出してみて戴きたい。

ヒット曲が欲しいと思うなら、まずはサビの箇所に普遍的な感情を表現させることである。そしたらそれをとにかく数限りなく繰り返すのだ。ほかの部分の歌詞に意味があろうがなかろうが気にするな。

一番、サビ。二番、サビ。ブリッジ。サビサビサビサビ。

こうすればちゃんと〝マックルモアー病〟にかかることができる。


そしてここがＸＸＸテンタシオンの天才たる由縁なのだ。

彼は決して間違うことをしなかった。

だって天才だったから。

サビなどクソ食らえだ。

ヴァースもクソだ。

曲の構造？　クソでも食ってろ。

クソッタレな音楽かどうかなんぞどうでもいい。

それでもポピュラーだった。

それでも踊れた。

何故ならば、その本質が〈ノーウェイジアン・ブラック・メタル〉と同じものだったからだ。

ラップがアメリカの音楽の潮流の一つの到達点であるという議論は、考えられる限りの最も遙か彼方の場所まで敷衍されていく。

あのハーレムの世界にまで遡る。

セグウィック通りだ。

似た響きを持つものなど何もない。

それが今、あの声で届いてきた。

傷ついた革命家の声だ。

保護観察

5章

西暦二〇一三年の残りの時間は、やがて二年もしないうちに彼に襲いかかってくることになる新たな人生のための、その準備期間となった。

更正施設からも放り出されてしまった訳だけれど、にもかかわらず、彼は保護観察の状況のままでいられていた。

夏が終わった。

学校が始まった。


彼のツイートの中でも最も悲しい二つがこの時期のものになる。

両方とも同じ日付だ。

西暦二〇一三年八月三十日である。

最初はこうだ。**誰かウィドン&デイヴ・トーマス以外のマシな高校を知らねえか?**

二番目はこう。**誰かマシな高校を知らねえか?**


歴史的事実に反する仮定を押し進めることはバカげている。

だが。

たとえこの西暦二〇一三年のジャセー・オンフロイが何者であれ、彼は明らかにほかの教育の機会を志していたのである。

周り中から打ちのめされ、ただ芸術の分野にのみ可能性を見出し、意味のある絆を切望していた。しかしそれは、普通の学校の教室の中では決して得られることのない種類のものだった。そして彼自身もまた、制度化された教育環境の下ではあきれるほど何一つ上手くできないタイプだったのだ。

典型例だ。

世界は完膚なきまでに彼を見放していた。それゆえ彼はツイッターにいた、薬でラリったほかの十代たちに助けを求めるほかなかったのだ。

ほかのマシな教育になどたどり着けることはなかった。

結局彼はサンライズにあるパイパー高校に進学した。生徒数は三千人ほどだった。

無関係ではあるまい。この頃彼は驚くほどクスリにハマっている。

そして、これもまた世代的な事象なのである。

薬物の使用というのはかなりの長い間、純粋に楽しみたいがために手を出す人間と、悲しみを紛らわせるために溺れていく人間との両極に散らばっていた。

九〇年代後半のどこかの時期からこのバランスが後者へと偏り始めた。

ある意味ではこれもまた政府の陰謀だった。

製薬工場ラインを素材にした〈ビッグファーマ〉なるゲームがある。どれだけ効率よく薬品を製造できるかといった育成ゲームだ。ゲームではない現実の方で、飽くなきこの手の欲望に認可を与えた人間がいる。

人口の全体を、製薬会社のいわば奴隷としてしまえといった考え方に首肯した人間がどこかにいたのだ。

かくして紀元二十世紀には一応は確立されていた、多少はマシな思想の一つが悪意に汚された。

悲しみを紛らわせるには現実的にもっと手っ取り早い方法があるよという訳だ。

ジャセー・オンフロイは更正施設から出てきた。彼のやることと為すことはすべて、見事に打ち砕かれ、ぼろぼろになった。

こちらもまたある意味で別の典型例である。

施設を出てからの数ヶ月で、彼は以下のようなものを、とにかく経口摂取したり煙にして吸ったり、あるいは鼻から吸い込んだりしている。

コカイン、モルヒネ、名前のわからない錠剤。大麻、MDMA《モリー》、LSD、ザナックス、アルコール、鎮痛剤《オキシコンチン》、阿片《オピウム》、入浴剤、アデロール。

十五の彼は、十六になる。

パーティーは終わらない。

西暦二〇一三年九月二十五日から西暦二〇一三年九月二十八日のどこかで彼はツイッターのアカウント名を変更している。

@fuckjahseh は死ぬ。

そして@xxxtentacion が誕生する。


大量生産大量消費される商品に必要とされる要素がここにも見つかる。

〝こいつはいったい何だ？〟的手触りだ。

最初に目についた時には当然理解できないし、当惑もさせられる。

でも、五回も目にすれば慣れて普通に思えてくる。

十回も見てしまえばずっとそこにあったような気になる。

西暦二〇一三年十月九日には彼のこんなツイートが残されている。

ツイッターに使っている俺のこの名前をちゃんと理解しているやつなんていやしねえみてえだ。つまりはエロくてエッチい誘惑ってことなんだが。

かなり後の西暦二〇一五年五月五日にはこういうのも見つかってくる。

〝XXXテンタシオン〟って名前は完全に俺のオリジナルだ。こいつは俺の悪癖っていうか、抗えない誘惑を表わしている。イカれたこととかエロいことを止められねえ。X三つ分の誘惑って訳だ。

彼はさらなる音楽を〈サウンドクラウド〉上に発表し始める。

だが西暦二〇一三年の十二月は最悪だ。

十二月九日には彼は家を追い出されている。

パイパー校からは停学を言い渡される。

二日後には無許可で規制薬物を所持していた咎で逮捕される。

結果、在宅拘置を課せられる。

足首に監視用ＧＰＳを装着されての四日間だ。


西暦二〇一四年が始まる。

事態はいよいよ張り詰める。

ことほどかように毎度毎度制度的な不利益をその身に引き受けてきたジャセー・オンフロイは、この先も続くであろう同じ人生の筋書きをただ淡々とたどっていくことになるのだろうか？

それとも、あのラップだかいうクソが何かの役に立つことになるのか？


一月には検察が、そもそもの西暦二〇一三年の逮捕の際の銃器の不法所持の部分の訴追を取り下げている。

しかし薬物は止まらない。家族との喧嘩も続く。追い出されてはまたぞろ家に帰ってくる繰り返しだ。

西暦二〇一四年二月十九日にはいよいよパイパー校を退学となった。

かくして彼の正式な教育は終わりとなった。

今や彼はアーティストであれば誰でも必要なものを手に入れた。

時間だ。

いかにも十代チックなありふれた愚行も山ほどできるようになった訳だ。クスリにエッチに暴力だ。

だが、その時間を音楽に費やすこともできた。

三月の最初の日に彼はマイクロフォンを手に入れている。

五日までには最初のミックステープの作成も終え、発表している。

もちろん〈サウンドクラウド〉に、だ。

「ＸＸＸ」というタイトルだった。

だが彼はあまりに無名だった。コピーを取って置いている者は一人としていない。

さらには彼自身にも、しばしば自分の音楽をすっかり消去してしまう傾向があった。

大抵はその品質に自分でちっとも満足できなかったがゆえだ。かくしてこの「ＸＸＸ」の収録トラックはすべて失われてしまうこととなった。

西暦二〇一四年の五月十七日、彼はフロリダ州法八五六条〇二一項に基づいて逮捕拘束されている。

これは〝挙動不審か、あるいは盗みの下見〟について定めたものだ。

どちらだったのかはわからない。

しかしこの時彼は大麻を持っていた。薬物不法所持の罪状が加わった。

父親と同じだ。

三日を留置所で過ごし、その後はまたＧＰＳつきの在宅拘置となった。

最終的に容疑はすべて不起訴となった。

在宅拘置は六月まで続いた。

この時期彼は、すっかりニルヴァーナにハマっている。

ツイートにはカート・コベインが複数回登場している。

ポップミュージックの世界における最も美しい自殺だ。細部のすべてにおいて完成されている。

これが妄執の始まりだった。

後に世間の注目がいよいよ我が身に集まってきた時、ＸＸＸテンタシオンはこのカート・コベインこそは自分に最も影響を与えた存在なのだと口にするようになる。

ここで非常に奇妙な事態が発生する。

西暦二〇一四年七月十六日から同じ年の十二月三十一日まで、確認できるツイートが一切見つからないのである。

彼のアカウントに関して不可解な部分はここだけだ。説明のつかない唯一の不在期間である。

ほかの空白にはぜんぶなにがしかの理由が見つかる。

もしこの期間に彼のアカウントに語りかけた者が見つかれば、それはすなわち彼自身もまた、このＳＮＳ上で活動を続けていたことが明らかになる。

人々は彼のツイートに反応していた訳だから。

そうなれば、ここにあったツイートは意図的に削除されたのだろうなと仮定せざるを得なくなる。

しかし理由は不明のままだ。

だが、この時期に何かとてもひどい出来事が起きていたであろうことは、たぶん、有り得るどころの話ではないといったくらいの感じになるのだろう。

そしてこの謎の真っ只中で我々は、ＸＸＸテンタシオンの人生の最後の二年間彼にまとわりついて離れなかった内容に出くわすことになる。

彼と、自分ではジュネーヴァ・サティヴァと名乗っている一人の若い女性との関係である。

西暦二〇一六年の十月ＸＸＸテンタシオンは、彼女本人からの申し立てにより、彼女への暴行と誘拐との咎《とが》で逮捕されている。

この一件は、考えられ得る限りのありとあらゆる方向から彼の名前を貶めた。

あの〈ノージャンパー〉のインタビューが焚き木だったとしたら、この逮捕がいよいよそこに火をつけたのだ。

だが本書がこの内容にたどり着くのはもう少し先のことになる。

首筋への銃弾の直前になる。〈マイアミニュータイムズ〉紙が、おそらくは見習い記者の筆によるとしか思えない一本の記事を掲載した。こういう見出しだ。

「南フロリダ出身のラッパー　ＸＸＸテンタシオンの真実」

これがしかし、取材不足も甚だしい代物だった。

それでもなお同記事が貴重なのは、これがジュネーヴァが取材に応じ、自身とＸＸＸテンタシオンの関係について口を開いている唯一のものだからだ。

ここでジュネーヴァは、ＸＸＸテンタシオンと自身が初めて出会ったその日付を特定している。

西暦二〇一四年十一月二十五日だったと言っている。

ツイッター上に見つかったあの、説明不能な不在期間の只中だ。

一週間の半分ほどの時間を一緒に過ごしたらしい。

その後ほぼ二年の間、二人は会うこともなかったのだとも言っている。

同時にこの不在期間に彼は再び逮捕されてもいる。

司法機関に偽名を語った罪状で訴追されてもいる。

西暦二〇一四年九月三十日の日付である。

西暦二〇一四年十月十四日に、この訴追は取り下げられている。

そして十二月三十日に彼のツイートは復活する。

西暦二〇一五年にぎりぎり間に合った形だ。

三月二十一日にいよいよ予定されたギグについて触れている。

一月はいつものごとく過ぎていく。

六日に彼は、自分はまもなく逮捕されるだろうとツイートしている。

そして九日に逮捕される。

罪状は、窃盗の道具を使用するつもりで所持していたこと、暴力ではないが、逮捕の際に抵抗したこと、それから挙動不審か、あるいは盗みの下見と思しきような行動を採っていたことだ。

ここでは我々がどうしても留意しておかなければならない内容が一つ明らかになっている。この時期を通じて彼は、ポップの世界に旋風を起こすような存在へと自らを作り替えていっていたのと並行し、複数の盗みを働いていたらしいという点だ。

これらの訴追も三月にはすべて取り下げられている。

一月十二日からの在宅拘置は三十一日まで続いた。

ツイッターには目新しい話題が幾つか見つかってくる。

どうやら新しいガールフレンドができたらしいのだ。

この彼女とはしばらくちゃんとつき合っている。

ツイッター開設当初の時期に交流があったらしい女性を別とすれば、この彼女がどうやら彼にとっては、本当に初めてきちんとつきあった相手でもあった様子だ。

音楽の嗜好も広がっている。

この時期彼が聴いていたリストはこんな感じになる。

ティーン・スーサイド、パティ・スミス、アリエル・ピンク、ロード、ボン・イヴェール、マヴァド、スーサイド、ドアーズ、エイミー・ワインハウス、ホージア、テディ・ブロウ。

　このラインナップを聴いているのが白人だったら誰もまばたきすらしない。
　しかしいざ黒人が支配階級の頌歌《アンセム》を発見すると、つまりはパンクやインディーロックということだが、特に音楽ジャーナリズムの世界からは、こいつの趣味はあまりに広範囲に及び過ぎ、いかにも折衷的だなどといったことを言い出す輩が必ず出てくるものなのである。

　西暦二〇一五年三月二十一日、彼は自身初となる本物のライヴに立っている。〈♯レッドウォール三二一〉というタイトルがつけられ、主催はフロリダの〈ホワイトウォール〉だった。
　以下はこのイベントの当時の告知内容である。

　　WWFLAプレゼンツ〈♯レッドウォール三二一〉
〈♯レッドウォール三二一〉このイベントは三月二十一日に開催される。是非音楽と飲み物を楽しみに足を運んで欲しい。地元で話題を呼んでいるバンドやソロの活動家、彼らのグループなど、目の回るような一群が登場し、南フロリダでも有数の写真家たちの手になる彼らの写真が当日〝赤壁《レッドウォール》〟を飾ることになっている。
　また、協賛には〈コダックカメラ〉が加わってくれている。是非当日の記念写真を撮って戴きたい。イベントの終わりにインスタントカメラを封筒に入れ、そこにメールアドレスを記して所定の箱に放り込んでいってもらえれば、やがて我々が写真をそちらにお届けできるよう手配する。

写真撮影：@デイクール、@ミスター・トップノッチ、@ブランドン・ダリとお客様たち。

出演予定アーティスト：ザリ、シャーク・アンソニー、ザイマティック、ウィスフィットフューネラル、エミリー・クリアリー、チーフ・オヤブン、ノーバディーズ、ATG一〇三、ウィクステ・マイク、ラッパー・リッチ、マイク・メリル、キャセイ・ジョーンズ、ザ・クール・エラ。

ドゥーニィ・モンタナ――クールなデカ眼鏡（ステージデビュー！）
ランスーウ・ロックチャイルド――美的集団《あート・くラブ》
トレイ・ザビエール――毀し屋
ウィスフィットフューネラル――西パームビーチ出身
アヴィアント・レッツ――ブロード群出身

ドリュー・スキー、ルシャッド・ジョー、ヤ$《ドル》、エス《S》ピー《P》、ニック・オーウェンズ、ダクスダイマック、デルマーＪＦＫ、キング・ケヴ、ジギー・メイン・ザ・プラグ、ノエクス、ノラ・ジョンソン、ＸＸＸテンタシオンそのほか。

ツイートを見る限り彼の舞台は上首尾だったようだ。

さて、この辺りで一旦間をおいて、ジャセー・オンフロイとＸＸＸテンタシオンの相違について多少考察しておいた方がよさそうである。

さながら別々の二人の人物が一つの体に一緒に暮らしているようなのだ。

ＸＸＸテンタシオンは卓越した存在で、輝いてすらいる。

内側で核を為しているのは彼の方だ。

誰にも彼を止めることなど叶わない。

二年も経たないうち彼は〈サウンドクラウド〉に発表した曲で〈ビルボード〉のチャートに名前を載せることにもなる。

だがここにはもう一人、ジャセー・オンフロイがいる。

ジャセー・オンフロイの人生というのは、無遠慮な現実ってやつからすっかり標的にされており、ほとんど不運の連続だったとくらいにまでいってよかった。

物事が悪い方へと転がりかねないような局面では必ずそのようになった。

存在そのものが最初からそんな具合に規定されていたかのようだ。

そして、不運な人間たちの多くがそうであるように、これらの不運の大部分は実は彼が自らの手で招いたものだったのである。


輝かしい内側の核は誰にも止められなかった。

だがそれが宿ったのは〝生まれながらの負け犬〟の体だった。

そして今や彼は、有名になるそのまさに一歩手前にまで近づきつつあった。

ひどい凶運の持ち主が測り知れない成功の淵へと投げ出されようとしていたのだ。

いいことなどその身に起こった試しも一切ないような人物が、自分の夢のすべてが叶う、その瀬戸際にたどり着きつつあった。


しかしそれはまだ数ヶ月ほど先のことになる。

この段階でのＸＸＸテンタシオンは、ようやく生まれて初めての本物のギグを終えたばかりだ。

幸せそうに見える。

そしてジャセー・オンフロイがハンドルを握る。

彼のステージが終わった、ほとんどその直後だった。彼はほかのラッパーとそのスタッフたちに襲いかかられた。

殴り合いだ。そんな事態になろうとは彼も思ってもいなかった。ほんの数時間前には彼はまた別のラッパーと、心温まるような種類の出会いを果たしたばかりだった。

連中は彼を叩きのめした。

ガールフレンドまでが巻き込まれ、目を負傷した。

この春の残りとその次の夏はそれまでの数ヶ月とほぼ同じだった。

音楽はどんどんとよくなった。

少しずつ彼は名を知られるようになっていった。

出歩けば誰だかわかってしまわれるほどだ。

さらに幾つかのギグにも出演した。

例の〈マイアミニュータイムズ〉の記事でジュネーヴァは、最初の数日間の親密なおつき合いの後、自分とＸＸＸテンタシオンとは西暦二〇一六年になるまで再び会うことはなかったと言っている。

しかし西暦二〇一五年の五月十九日にツイートがある。

一語きりだ。

ジュネーヴァ。

どういうことだ?

西暦二〇一五年の十一月二十五日、彼はようやく在宅拘置を解かれる。

これに先立って彼はこうツイートを残している。

在宅拘置があと二週間くらいで終わる。俺ゃあもう三年間ずっとこいつとつき合ってきたんだ。自分を誉めてやりてえ気分だ。

さらにこう続く。

ニガの家で盗みを働くこともしてねえ。小切手のパクリも引ったくりもやってねえし、クソみてえな代物を御託を並べて質に入れ金を引っ張り出すなんてこともやってねえぞ。

信じられないのは西暦二〇一五年十一月十六日の出来事だ。

出かけた彼は強盗を働いているのである。

この一件で彼が逮捕されるのはだが、その後一年近くもの時間が経過してからのことになる。

事件はこんなふうだったらしい。

彼は三人の仲間と一緒に誰だかの家に押し入った。

ＸＸＸテンタシオンはその人物の頭を拳銃で殴った、らしい。

彼らが盗んだのは、iパッドとiフォンと〈ソニー〉のプレイステーションポータブルと、それから二十ドルだった。

彼は実際に刑事司法制度の監視の目から解放される寸前にまでたどりついていた。ツイートからは、本人がこの不本意な事態からようやく逃れられることを心底喜んでいたことがわかるし、更正プログラムをやり遂げたことを誇ってもいた。

だがその間際で彼は実にしょうもない盗みに手を出してしまうのである。

さらにいかにもジャセー・オンフロイらしい事実も出てくる。この罪状で起訴された際、被害者はツイッターに載っていたXXXテンタシオンの写真を見つけ、こいつだと気がついたのだというのである。

西暦二〇一五年十二月三十日〈サウンドクラウド〉に新曲が発表される。

タイトルを「ルック・アト・ミー《こっち見ろ》」という。

これこそマジな化物である。

この曲は、どんなアーティストだって新曲を出す際には必ず夢に見るようなことを軽々と成し遂げてしまうのである。

普通はそんなことには決してならない。

つまり、人生を変えてしまうのだ。

この日からおおよそ一年が経とうという頃にこの「ルック・アト・ミー」はビルボードのチャートを駆け上がることになる。

そしてその事態が起こっているまさにその期間、本人は塀の中にいることになる。

#予期せぬ結抹

6章

ＭＰ３ファイルなる形式が花開くまで、レコード産業というのはあたかもアメリカのあらゆる文化を牛耳っているかのようだった。

業界そのものが統合再編成され、一切を掌握する少数の人々による、無慈悲にも冷徹な支配下へとおかれていたのだ。

これらの会社は〝ビッグシックス〟と呼ばれていた。

アメリカの著名なレコーディングアーティストたちは全員が全員、この会社たちのどれかの下で働いていたといってよい。

ＭＰ３ファイルが産声を上げてからの二十年間に〝ビッグシックス〟はさらに〝ビッグスリー〟へと姿を変えた。

ロシア寡頭政治体制からの資本を得ている〈ワーナーブラザーズ〉。

東京に本社を置く日本の複合産業共同体〈ソニー株式会社〉の傘下にある〈株式会社ソニーアメリカ〉のさらに傘下にある〈ソニーミュージックエンタテインメント〉。

〈ユニヴァーサルミュージックグループ〉には、フランスのメディア事業複合体である〈ヴィヴェンディ〉が出資している。

ＭＰ３がいよいよ台頭し始めた時このうちの〈ソニー〉は実に奇妙な立場に立たされることとなった。

もちろん同社は音楽を作っていた。

しかし同時に電気機器を作る会社でもあった。

かくして同社は、この新しい技術開発の場面で否応なく一つの内部矛盾を抱え込まざるを得なくなったのだ。

音楽部門は彼らの産物が不正利用されかねないことを懸念した。

その一方で電気機器部門の方は、ＭＰ３対応型のハード機器を売り出せば大儲けできると胸算用していた。

はたして金の卵を産む鵞鳥を生け贄に差し出しても電化製品を開発すべきなのか？

答えはどちらでもかまわなかった。

何故ならば、尊大で反社会的精神病質者《サイコパス》であるスティーブ・ジョブスが颯爽と現れ彼らの上に君臨してしまったからだ。

〈アップル〉はｉポッドを作った。

そして〈アップル〉は〈ｉチューンズ〉を作った。

事ここに至ってレコード業界は、その長い歴史の中で初めて、自らの居場所を後部座席へと移すことを余儀なくされてしまったのである。

数十年という長きにわたり、レコードの分野での成功は〈ビルボード〉のセールスチャートを基準として測られてきた。

このうち実際に意味を持っていたのはアルバムの〈トップ２００〉とシングルの

〈ホット１００〉の二つである。

〈ホット１００〉は楽曲の人気の高さの基準となった。

〈トップ２００〉はアルバムの人気の高さの基準となった。


〈ビルボード〉のチャートはオスカー像にも似ている。

我々が社会現象として共有するものの輪郭を定めていく、実質的な意義など持たないアメリカ的な制度の一つなのだ。

君らのご主人様たちが君らを制御下に置いておく、その一つの方便なのである。

いかにもそれが何よりも重要であるかのような振りをしている。


だが道具というものは、基本その企図の通りにしか働かないものだ。

西暦一九九一年のうちに〈ビルボード〉はその地位を〈サウンドスキャン〉に明け渡すこととなった。

〈サウンドスキャン〉とは、ＰＯＳ《ポイント・オブ・セール》、すなわち実売ベースの集計システムである。

同社の出現よりも以前には、音楽の売り上げの数字というのはいわば架空の存在だった。不誠実な小売店と賄賂塗《まみ》れの卸業者らよって捏造されたものだったのだ。

〈サウンドスキャン〉の登場は驚くべき現実を浮き彫りにした。

実は人々は黒人の作った音楽を聴くのが大好きだったのである。

すなわち、西暦一九九一年以前の巷間に広く知られているレコード売り上げの歴史というものは、黒人の持つ経済的文化的な影響力を隠蔽する目的で巧妙に織り上げられた嘘の網だったということだって十分有り得るという訳だ。

たとえばジミー・リンチに『ファンキー・トランプ』というお笑い系のアルバムがある。これは百万枚以上売れている。

しかし同作が〈ビルボード〉のチャートに登場したことは一度としてない。

西暦二〇〇五年〈ビルボード〉はデジタルダウンロード数をチャートの集計の要素に加えることを発表した。

この頃までには最早〈ホット100〉がすべてという状況になっていた。

〈iチューンズ〉と違法コピーとがアルバムという文化を抹殺してしまったからだ。

シングルだけは辛うじて息を吹き返していた。

二年後の西暦二〇〇七年、今度は〈ビルボード〉は自身のチャートの集計を、オンラインでのストリーミング再生の数までを含める形へと変更した。

これにはほとんど意味はなかった。

対象となったサービスを使っている者が一人としていなかったからだ。

〈ビルボード〉が計上すると発表したのは〈AOL〉と〈ヤフー〉での再生数だけだったのである。

記録のためにも書きとどめるが、これらの会社は最早存在すらしていない。

違法コピーと〈iチューンズ〉とにしこたま痛い目に遭わされたものだから〝ビッグスリー〟はこのストリーミング再生に精力を注いだ。

こうしたサービスを提供する大手との交渉に入ったのだ。

そして〈パンドラ〉や〈スポティファイ〉といったプロヴァイダーらが〈ソニー〉と〈ワーナー〉と〈ユニヴァーサル〉のカタログを公に扱えるようになった。

これらの業者はストリーム再生に対して印税を支払った。

しかしこの印税の計算方法というのが、またえらく残酷なものだった。

ほぼ何ものでもないといっていい。

一回の再生に発生するのは小銭のそのまた欠片くらいなものだったのだ。

個人のアーティストであれば、多少なりともまとまった額を手に入れるためには、それこそ膨大な数のストリーミング再生数をなんとかして造り出さなければまるでお話にもならない。

だが〝ビッグスリー〟の方はそれぞれの再生からきっちりと上前を跳ねる。

すると合算ではそれなりの金額が生まれることになる。

この交渉の内容には、当人たちが雀の涙みたいな印税率を取り決めさせられたまさにその相手であるこれらストリーミング再生事業者らの経営に、些少ながらも彼ら〝ビッグスリー〟が資本参加することも含まれていた。

つまり、そもそも音楽を造ったアーティストらに対する雀のウンチみたいな印税率を受け容れることによって彼らは、将来的に配当の見込めそうな株式の入手に成功したという訳だった。

〝ビッグスリー〟がストリーミング再生業者たちに経営参画した直後になる。これらの業者の数字が〈ビルボード〉のチャートの集計に加えられ始めた。

この施策には二つのビジネス的側面がある。一つには、自社保有となったこれらの業者の株式の価値を高めること。もう一つは、ネットという想像上の空間みたいな場所に対する必然的対応としての部分となる。

二進法の世界《デジタルワールド》は今やさらなる猛威を振るっていた。

人々は最早個々のダウンロードに対しての支払いさえ止めてしまっていたのである。

アルバムチャートの〈トップ２００〉の集計方法の変更は大体こんな感じだった。

十回のストリーム再生を一曲の売り上げ相当とする。百五十回のストリーム再生をアルバム一枚の売り上げ相当とする。

〈ホット１００〉の方はこれに比べてさえ精密さを欠いている。

曲の実質の売り上げをまず集計要素の三十五～四十五％とする。ラジオでのオンエア回数を三十～四十％とする。ストリーミングの回数については二十～三十％とする。

こうしたストリーミング再生業者のどの一つも、利益を生み出しなどしていない。歳入は全て、印税とシステム維持のための経費、そして広告費の共同負担分へと消えていくのだ。

さて、メインと考えられていた顧客層は最早商品に金を払ってくれることをしようとはしない。しかも業界の支配者たちは、こうした顧客層がまた金を払ってくれるようになる趨勢《すうせい》へと傾くかも知れないような気持ちを逐一挫くような方向へしか動かない。こうなると、事業のやり方そのものを考えなおすしかなくなる。

新作の発表という行為そのものが、改めてストリーミング再生の部分へと軸足を移していったのである。

ドレイクの西暦二〇一六年のアルバム『ヴューズ』を思い起こしてみて欲しい。

何がマザーファッキンかって、こいつには二十曲も収録されているのだ。

七十五人の人間がアルバムを通しでぜんぶ一回聴いたとして、これがアルバム一枚の売り上げとしてカウントされる訳である。

だからこうしたストリーミング再生が十分な数起これば、このアルバムは〈ビルボード〉

の〈トップ200〉に顔を出してくることになる。

そうすると、当然メディアへの露出がまだ続けられることになる。

これが同作が〈ビルボード〉に居場所を確保し続ける支援となる。

そうするとより一層露出は増える。

そうなれば自ずとストリーミング再生数も増える。

加えてこの二十曲のうちのどれか一つでも再生されればその都度印税は発生する。そして、この手のストリーミングサービスの利用者が増えれば、すでに少数ながら取得されている、このトラックを扱っているストリーミング業者の株式の価値は上がるのである。やや煩雑だがそういうことだ。

もし仮にこの十年間というものが何かを明らかにすることに成功していたのだとしたら、それはたぶん、自分の時間をドレイクのアルバムのストリーミング再生に浪費している人間が実は数百万人単位で存在しているという事実であろう。


西暦二〇一四年十一月に〈ワーナー〉が〈サウンドクラウド〉に資本参加しライセンス契約を始めた。

西暦二〇一六年一月には〈ユニヴァーサル〉が〈サウンドクラウド〉に資本参加しライセンス契約を始めた。

西暦二〇一六年三月には〈ソニー〉が〈サウンドクラウド〉に資本参加しライセンス

契約を始めた。

西暦二〇一六年十月に、いよいよ〈ビルボード〉がこの〈サウンドクラウド〉でのストリーミング再生数をチャートの集計に加え始めた。

もっともこれはそこにあるすべての曲という訳ではなかった。

換金可能な方法をすでに有している、つまり有料配信されているものだけだった。

ツイートを参照するかぎり、この〈サウンドクラウド〉がＸＸＸテンタシオンの楽曲を課金対象とした日付は西暦二〇一六年四月二十三日である。

ストリーミング再生数を集計対象に加えて以降というもの〈ホット１００〉はすっかり、アメリカ大衆と投資家・企業家層、そして音楽業界との駆け引きの場みたいになってしまった。

投資家・起業家層は言う。まあ僕らはだから、アーティストやレコード会社にとりあえず金を突っ込んでみる訳だよ。印税という形だけれどね。ファン層が大きくなればそいつの価値もじき上がって、そんでいつの日かこの投資金額が埋め合わされるって希望を抱いている訳さ。

アメリカ大衆は言う。私らが差し出すのはそのファン層の拡大ってやつだな。あんたらが金を払わなくていいってんなら、誰だかもよくわからんような代作者が書いたドレイクだかの音楽に、てめえの脳味噌をぶち壊されるくらいは屁でもないってもんだ。

そしてレコードレーベルの主張はこうだ。我々は常にシーンにいたし、これからもずっと同じ場所に居座り続けるつもりでいるぞ。なんたってゴキブリ並みの生命力の持ち主だからな。支払いなし？　けっこうじゃないか。一緒にアーティストを食い物にしよう。

だが複雑なシステムがさらにこんぐらがっていけば、そこには予期せぬ結果というものが生じてくるものである。

それがＸＸＸテンタシオンだった。

彼は〝ビッグスリー〟に〈ビルボード〉、そして〈サウンドクラウド〉の三社間での取引が生み出した、想定外の産物だったのである。

本物の才能とイカれまくったファン心理とが「ルック・アト・ミー」を全国的な注視の対象にまで引っ張り上げてしまったのだ。

だって最早〈ホット１００〉のチャートがすべてなのだから。

それは現実を規定するものなのだから。

そしてたまたまこの時は、そこへと続く窓の一つが、どうぞ押し入って下さいとでも言わんばかりに開け放たれたままだったのである。

ＸＸＸテンタシオンが〈ホット１００〉に初めて登場したのは西暦二〇一七年の二月二十五日付のチャートになる。

公式に発売されたのは西暦二〇一七年のヴァレンタインデイだった。

最初に「ルック・アト・ミー」がアップロードされてからすでに、優に丸々一年以上の時間が過ぎていた時期だ。

この時のチャートの構成要素は、二月三日から二月九日までのストリーミング再生とデジタルダウンロードのそれぞれの数、それから二月六日から二月十二日の期間のラジオのオンエア回数である。


ことＸＸＸテンタシオンに関する限り、オンエア数というのはお話にもならない。

ラジオはこんなやつのことなどまだ知りもしなかった。

デジタルダウンロードに関していえば、音楽サイトの〈クウォーブネット〉は「ルック・アト・ミー」のダウンロード売り上げ数を、大体三千くらいだろうと見積もっている。これは〈iチューンズ〉でぎりぎり上位二百位に入るかどうかという程度の数字であるらしい。

残るのはストリーミング再生数ということになる。

僕はこの問題の週における〈サウンドクラウド〉での同曲のストリーミング再生数を正確に提示できる。

二百三十六万八千三百六十八回だ。

しかもこれですべてではない。

僕が確認できたのがここまでなのだ。

あやふやな部分も合算してしまうと、この週の同サイトでの数字は二百七十三万六千九百九十三回ということになる。

「ルック・アト・ミー」は九十五位の位置で〈ホット１００〉に初登場した。

ラジオの支援もなく、目覚ましいダウンロード販売数があった訳でもなく、推測だが〈アップル〉のミュージックストアで大々的に押し出されていた訳でもなく、だから計算上は最大でも三十パーセントの影響力しか持たされてはいないストリーミング再生の数字だけを頼りに、ＸＸＸテンタシオンは、ビルボードのチャートを自力で這い上がったのである。

二百七十三万六千九百九十三という数字が意味を持ったのだ。

ドン底にいる時であればあれほど、それは同時に、極限の、想像上みたいな数字を弄んでいるようなものだったりするのである。

もちろん〈ビルボード〉の〈ホット１００〉に顔を出したからといって、結局誰からも洟も引っかけてすらもらえないまま終わる存在だっている。

だがＸＸＸテンタシオンの場合はここに至るまでの数ヶ月間、いわば水面下で沸騰していたような状態だった。

繰り返すがこの〈ビルボード〉のチャートというのは我々の現実を造り出す装置である。人々はそれを話題にする。そして、新自由主義者《ネオリベラル》たちの大いなる共通認識の一つと見做され、誰もがそれについて思いを巡らせるようになる。

忘れてはならないのは、この共通認識の中にはこういう内容もあったことだ。

道義性と成功とは分かちがたいものである。


しかしＸＸＸテンタシオンがいよいよ姿を見せた時、彼はすでにあの〈ノージャンパー〉のインタビューをやらかしてしまった後だったし、そのうえジュネーヴァ・サティヴァの申し立てによって逮捕拘留されてまでいた。

チャートに並んでいるどの曲も実は〈ホット１００〉という幻の意味と、その実際の機能の偶発的な発現との間に避けがたい溝を生じさせてしまうものである。

つまり、その事実自体がまた記事になるのだ。

人々はこぞって発言したがる。

それはさらなるストリーミング再生となって波及していった。

「ルック・アト・ミー」のストリーミング再生は、まだ〝ビッグスリー〟がほんのわずかな株式しか取得していないSNS上で起きた事態だった。普通に考えればさらなる投資が検討されて然るべき展開だ。

しかしこれらのストリーミング再生は、実は〝ビッグスリー〟の側からすれば、彼らの目論みとはまさしく正反対のベクトルを有しているものだった。

いわば無濾過の、インディーズの無名のレコーディングアーティストがいきなりメインストリームに登場してしまったのだ。

そこは本来はたどり着くには非常な困難を伴うべき場所だった。そうでなくてはならなかった。しかも、紆余曲折の様々な歴史を有してさえいた。

この予期せぬ彼の登場がどのように受け止められたかを考察するには、ある一点だけ見てみればそれで済む。

人々は金儲けが大好きだ。そして面子を潰されることが大嫌いだ。

僕らが住む世界というのは、金持ちたちが会食の席で、難問をどう制御下に置くかを話し合っているような場所なのである。

西暦二〇一七年の五月〈ビルボード〉はまたぞろチャートの集計方法を変更すると発表している。

西暦二〇一八年のニールセンの第三四半期の最初の週からは、〈アップルミュージック〉や〈アマゾンミュージック〉といった、有料の使用許諾契約形式による販売サイトや、あるいは〈スポティファイ〉や〈サウンドクラウド〉といった、広告と有料使用許諾契約の複合型のＳＮＳに置ける再生回数が、チャートの算出においては〈ユーチューブ〉を始めとする完全広告依存型のサイトや、そのほかの無料による複合型のあらゆるメディアでの再生回数よりも重きを置かれるものとする。

〈ビルボード〉は〈ホット１００〉の算出において、ストリーミング再生数の換算にあたり、複数の計算方式を導入する。有料使用許諾契約における再生に関しては再生数ごとに数値をそのまま算入する。広告依存型のサイトにおける再生に関しては再生数ごとにその数値の三分の二を算入する。自動再生による再生に関しては再生数ごとにその数値の二分の一を算入する。これらの数値はすべてのジャンルのラジオでのオンエア回数、デジタル形式による曲の販売数と一緒にされてチャートを形成することになる。ストリーミング再生数はそれでもなお、チャートにおける最も重要な要素で有り続ける。ラジオのオンエア数、デジタル販売数は、この順序で重要度を減じていく。

これを言い換えれば、つまりはこういうことになる。

我々は決して同じ間違えを繰り返したりなどしない。

7
章

西暦二〇一六年がスタートする。

彼はこの世に生を享けて以来初めてといっていいほど幸福そうだ。

在宅拘置も解けている。

これはつまり、フロリダを離れてもかまわないということでもあった。


幕開けは路上だった。

ＸＸＸテンタシオンにスキー・マスク、それに〈メンバーズ・オンリー〉に名を連ねていたほかの三人の連中が、ギグをやるためコロラド州はデンヴァーへと向けて車を走らせていた。

移動には三日間を費やした。

フロリダ→ジョージア→テネシー→ミズーリ→カンザス→コロラド。

ライヴは一月九日だ。

彼らはこの旅程を映像で記録してもいる。

それらは編集の上ユーチューブに公開された。

まあ全員ジャック・ケルアック気取りである。

アメリカの再発見にバカ丸出しで興奮している。

コロラド州はロッキー山脈の高地についた時には、フロリダの若者ならば必ずやるであろうことさえやっている。

雪遊びだ。

だが人生とは決してそれほど簡単なものではない。

ライヴの後またぞろXXXテンタシオンは喧嘩に巻き込まれてしまう。

彼は相手の一人をグウの音も出ないほどしこたま蹴りつけてしまう。

その映像もまたネットに出回ることになってしまう。


この時期彼はネット上でのライヴをやり始めてもいる。

これがファンたちとの交流の場となり、あの急激な台頭の燃料ともなった。

また、ビデオゲームにもずいぶん時間を費やしている。オンラインでのプレイステーションでの対戦に信者たちを招待したりもしている。


フロリダに戻った一月二十日、今度は地元のディアフィールドビーチで口論になる。


少なくとも三人を刺している。

幸い死者は出なかった。

事件の詳細な経緯には触れることはせず彼は同日こうツイートしている。

こんなクソみたいな現実なんてぜんぶ洗い落としてやる。てめえらニガどもは揃いも

FORTYS PRODUCTIONS & BLACK CLIQUE
HOSTED BY: BADMON TAFARI & IAN CONNOR
ROJAS FEST
2016
DENVER
JANUARY 9TH, 2016 (SATURDAY)
ALL AGES
ROXY THEATER : 2549 WELTON ST, DENVER, CO 80205
PLAYBOI CARTI KEN REBEL
LAMB$ UNOTHEACTIVIST THOUXANBANFAUNI
ITSADOLLA YUNG BANS GIZA CHE TRILL LIL CHAMP FWAY
REGGIE MILLS BENJI BANDS TRILL SAMMY
XXXTENTACION SKI MASK "THESLUMPGOD"
CHARLIEE ROYAL DANNY TOWERS OG LAYLA JOHNSON
CHICITYCHINO RANSTEEZ THE SLUMPS
TRU MENACE
SOUNDS BY: B DOUGH // DJ DEEKIDD & DJ CREATIVEMIND
TICKETS
ROJASFEST.SPASHTHAT.COM
DOORS OPEN AT 6PM

揃ってそんなのゲームだろうくらいに思ってやがる。そんなクソを捻《ひ》り出そうとするやつらは俺が命《タマ》ぁえぐり出してやるぜ。

そして続ける。

てめえらが四〇人がかりで襲いかかって俺をぶちのめそうとしたってそうはイカのキンタマだ😄。今年ゃあここまで負けなしだぞ。

二月になると。XXXテンタシオンは高校の駐車場でゲリラライヴを敢行することを思いつく。

行くぞとアナウンスされたのは、モナーク高にコーラルグレイド高、そしてディアフィールド高だった。

二月二十二日午後二時二十五分、彼はモナークに姿を見せた。

数時間後、彼は三つのツイートを残している。

てめえらの学校には行けなくなっちまった。どうも逮捕礼状が出たらしい。みんな、マジ申し訳ねえ。

一応ネットの記録を覗いてみたんだが、該当するもんが見当たらねえ。たぶんポリどもは昔の起訴事実で手ぇ出してこようとしてやがるらしい。

だけどそんな、やってもいないようなことで逮捕されるようになったら、そん時ゃあ俺だって自分を抑えたりはしねえぞ。

礼状なんてものがなかったことが明らかになるのは三月の三日だ。

彼は〝ジャセー・オンフロイは消えかけているのだ〟といったツイートをし始めるようになる。

ジャセーはもうじき殺されると。

すぐXだけになると。


一方で「ルック・アト・ミー」は〈サウンドクラウド〉上でさらに破壊的な再生数を稼いでいた。

西暦二〇一六年三月七日までには五十万回を越えた。


彼はテキサス州オースティンにいた。

南西部のさらに南だ。

〈ハウス・オブ・ヴァンズ〉という店でジョーイ・バダッズとデンゼル・カリーと一緒に、予告なしで舞台に上がった。

もちろんここでも彼は問題を起こした。

こんなふうにツイートしている。

ここでの初御披露目だってぇのに一人類を張っちまった。マジ俺ぁ自分のカンシャクをなんとかしねえとならねえ。

四月にはロスアンジェルスで一週間を過ごしている。

そして〈グルーピィラスト〉という名前の、今はもう存在しないエロ動画専門のウェブサイトに出演し七〇〇ドルを稼いでいる。

〈グルーピィラスト〉の売りというのはこうだ。

ポルノ女優たちをまだほとんど無名のラッパーにけしかけたらいったいどうなるか。

そしてこのポルノ女優は、通常はこのラッパー以外の誰かといたし始めるのである。

XXXテンタシオンはしかし、ほかのまだほとんど無名のラッパーたちとは違った手段に打って出た。

いずれはネット上に配信されるであろうカメラの前で事に及んだのだ。

彼からすれば〈スナップチャット〉に上げていた写真や、ツイッターで〝俺とやろうぜ〟と誘うような行為と大差なかったのだろう。

いずれにせよ彼の出演した〈グルーピィラスト〉の映像が世に出ることはなかった。

激レア中の激レアってやつだ。


この〈グルーピィラスト〉の映像の一部を観なければならなかったことは、本書のための取材の中でも二番目に最悪の体験だった。

僕にだって生きていくうえで必要なことはたくさんある。

しかし、ポルノ女優が今にも背面騎乗位でやり始めようとしているソファの隣で、スキー・マスク・ザ・スランプ・ゴッドが即興のラップを披露する様を眺めることは絶対にその中には入ってはこない。

そしてこのロス滞在中にＸＸＸテンタシオンは、例の〈ノージャンパー〉の取材を受けているのである。だがこの映像が公開されたのは彼が町を離れてしまった後だった。また、やはりこの彼のロスでの滞在中に「ルック・アト・ミー」の再生回数が百万回に到達した。

ようやく〈サウンドクラウド〉が彼の音楽に対する対価の支払いを始めたのも、やはりこのロス滞在中の出来事になる。

次に彼はオレゴン州ポートランドに行った。

同地では一週間ほどを過ごしている。

魔女とヤりに行ったのだ。オレゴンに行く理由なんてのは普通に考えられ得るかぎりそれくらいしかない。

この時彼はクラカマス郊外の屋内スケート場でギグをやっている。

チラシはこんなだ。

CULTVOID PRESENTS
SCHEMAPOSSE
APRIL 30TH 8PM
****
18$ PRESALE
DBLOCK INDOOR SKATEPARK
****
8921 SE JANNSEN RD
*WITH PERFORMANCES BY
XXXTENTACION
SKIMASK THE SLUMPGOD
COMABOYS - BLAKK LUNG
TICKETS AT CULTVOID.COM

こうした経験に考察を加えることには十分意味があろう。

この時まで彼はフロリダに囚われていた。

まだ幼いと呼んでいい範疇に入る年齢だったこともあるし、そのうえ刑事司法制度からも州外に出ることを禁じられていた。

だがその枷《かせ》も今やなくなった。

そして彼はツアーに出た。

ツアーなる状況の持つ意味というのは、自分で体験してみるまでは本当には絶対わからない。

あのひどいボブ・シーガーの歌ですら、そこにあるいびつさをきちんと伝えることなどまるでできてはいない。

馴染みのない場所で眠り、仕事を手配した相手と会いこそするが、結局は見知らぬ場所に迷子みたいに置き去りにされることになる。そこにはなるほどファンたちがいる。彼らはとても素敵だけれど、些か以上に無遠慮だ。しかも、こちらがそれだけ相手のことを思うなんてことは絶対金輪際徹底的に不可能なほどいつもいつも君の事ばかりを考えている。そして誰も彼もが何かを欲しがる。そしてこうした人たちのほとんどは、その何かを手に入れるためなら何だってこちらに差し出そうとしてさえいるのである。

きっとあのアリスの木の洞《うろ》を下りていくようなものだ。

こことは違うもう一つの現実だ。

クスリはただで手に入る。

魔女ともヤれる。

人生のすべてが夢みたいだ。

昔の自分なんてものは思い出すことすら難しくなるだろう。

陳腐な日々よサヨウナラってなもんだ。

何もかもが薄っぺらい。現実と虚構を隔てる壁なんて水に濡れた紙みたいだ。指先一本で簡単に貫ける。

けれどすぐ帰らねばならない時がやってくる。

そこでは何も変わってなどいない。

同じ問題が積み上げられたままでそこにある。

周囲も顔見知りばかりだ。

それでもやがてまた適当な時間が過ぎれば、出かけて行って同じ経験を繰り返さなければならないことになる。

最もしっかりしているタイプの人物にとってすら、こんな状況は舫《もや》いの外れた船みたいなものだろう。

それがジャセー・オンフロイの身に起きた。

そもそも彼は、頭のネジがぶっ飛んでいた。

Rolling Loud
CITRUSRAP STAGE
XXXTENTACION • MAX P • SMOKEPURPP • BLACK DAVE
IKABOD • DANNY TOWERS • GATSBY • SKYXXX • BIG BABY
DOP3 KRU • STRAIGHTFACE FOREVER • JOHN ZOE • KIDD KWEST
YOUNG BREW • ACE CHAN • YUNG KUYA • 98KB • MC KENNA
JEFF SKIGH • KFDOESIT & FLTHYRCH • MIXTAPEMAC • MAGI
PURPCAPER & FOLKLORE • DEZMOND MF • VINNY VIRGO • WES DAT
CC MARLEY & INTL.DJUNKNOWN • SELFMADESOUND • LOUDPACK KAP
MAGI • SLAPPY • KAYO • L.Y.G. DREWZII • MRLACY • LSOM
TREYYOUNGGOD • KEVIN KONNORS • K. BURNS • JOR-G • F.Y.MOB
LINDEN • CRAIG CASH NINOSONINO • APOLLO LOFTON • CARUSO SATURDAY
JOHNNY CAINE • HARMONY G • CUZZO CORLEON • A PLUG NAMED PABLO • SEAN J
MAY 6-7, 2016 - MIAMI FL
TICKETS/INFO: ROLLINGLOUD.COM
CITRUSRAP.COM

フロリダへの帰途に就いた時、終焉への秒読みが始まった。

戻ってきて彼が最初にやったのは〈ローリングラウド〉でのイヴェント〝シトラスラップ〟への出演だった。


それから彼はツイッター上で、いったい誰が教室で一番大きく自分の音楽をかけることができるかといったコンテストを主導した。


いわば、例の断念を余儀なくされた駐車上ツアーの第二幕だ。

多くの信者らがこれに反応し、学校で彼の「ルック・アト・ミー」をフルヴォリュームで再生した。

なかなか面白い現象だし、そこにはまた別の意味も透けて見える。

高校に滅茶苦茶にされた野郎が、その高校を滅茶苦茶にしてやった訳だから。

しかもたった一つのツイートで。


西暦二〇一六年五月二十七日、彼は今度は西パームビーチでステージに立っている。

ライヴ自体は早々に中止になってしまったのだが、その持つ意味は極めて大きい。

これを機に彼はジュネーヴァ・サティヴァと再び関わるようになったのである。

〈マイアミニュータイムズ〉はこのギグの場所をオークランドパークだとしている。

しかしどうも、場所か日時のどちらかが誤っているようだ。西暦二〇一六年の五月までには、フロリダで彼がライヴをやり、その情報がユーチューブなりツイッターなりに出てこないということはほぼ有り得なくなっていた。

それからオークランドパークでのライヴなるものが実際行われたかどうかにかかる証拠というのは、どうやっても見つけることができなかった。

僕としては、日付の方は九分九厘間違ってはいないはずだと考えている。この西暦二〇一六年五月二十七日を境に、彼はものすごい勢いで、しかもかなり急いで自分のツイートの削除をし始めているからである。


そして僕としてはこれはだから、削除されたツイートというのは、何らかの形でこのジュネーヴァに関わっていたものだったのだろうなと穿《うが》たざるを得ないのである。


ステージに上がる直前、彼は彼女の下へやってきて、両方の手を咽喉元に回した。

のちに彼女はこれにうっとりしてしまったという主旨の内容を語ってもいる。

彼は彼女を打ち上げにも誘った。

一日も経たぬうち二人はもう一緒に暮らし始めていた。

そのまま西暦二〇一六年の十月まで、二人はつき合ったり離れたりを繰り返した。

HOSTED BY: YOUNGMDZ, WHOISTWAYNE
ELEVATOR
MAY 27TH
6-9:30 PM
$10 TICKETS ALL AGES
ZENON NIGHTCLUB
106 N MILITARY TRAIL
WEST PALM BEACH, FLORIDA 33415
WIFISFUNERAL
HOMECOMING SHOW
FEATURING:
XXXTENTACION
OTHER PERFORMANCES:
PNVSTY
DUSTIN HILL
KFDOESIT
IKABOD VEINS
YUNGTARZAN
CALVANI
SPECIAL GUESTS:
DANNY TOWERS
SOLOMONDAGOD
NASTYMOB
GROWNBOITRAP
NATE DAE
STARLIFE
XL CARTEL
HOTCHI
SOMS
SADGENERATION
SOUNDS BY: ROJAS ON THE BEAT
WWW.TICKETFLY.COM/EVENT/1170547
CABANA BOYS

あえてもう一度繰り返させて戴きたい。

一日も経たぬうち二人はもう一緒に暮らし始めていたのだ。

彼らはだから、新しきアメリカの子供たちだったのだ。

心はどんな生産性も持たずただ多情な体で日々を浪費していく。

狂気とはこういうものを呼ぶ。


六月六日までに「ルック・アト・ミー」の再生数は二百万回を突破する。

六月二十五日には、彼がトイレで誰かを殴りつけている映像が流出する。

六月二十七日にはまた別の映像がどこからか出回り始める。彼がまた別の誰かをタコ殴りにしているものだ。同日のオーランドでのライヴの日の昼間に起きた、路上での喧嘩を収めた内容だった。


それからの数ヶ月間、つまりは十月までの間ずっとということだが、彼は自分で自分とジュネーヴァとの映像をネットに上げていく。

これらの幾つかは確かに微笑ましいものだ。

だが中には奇妙としか形容できないものもある。

世に流れたこれらの中で最も歪んでいる映像は、間違いなく、たぶん彼の収監の後から側近の一人が公開したのだろうと推察されるのだが、ジュネーヴァが〝悪魔払い〟をやっている場面を撮影したものであろう。

いや、単にクスリのやり過ぎだっただけなのかも知れないが。


六月二十七日の喧嘩の際には、この時は彼自身もまた地面を引きずり回されるような羽目にまでなっている訳だが、同時に容疑者として写真を撮られてもいる。

彼は笑顔で写っている。

腕は、一緒に写ったもう一人の男の血塗れの頭部へと回されている。

七月四日に彼はこの写真を〈サウンドクラウド〉上にアップした新曲のジャケットイメージとして使用した。

タイトルは「ヤング・ブらっツ」といった。

爆竹みたいな曲である。


七月八日には彼は、遠くない時期に『バッド・バイブス・フォーエヴァー』というタイトルでミックステープを発売するつもりだと告知している。

発売予定はハロウィーンの当日だった。

こちらのタイトルは、ティーンネイジ・スーサイドというバンドの曲から採られたものである。

XXXはこのフレーズを自分のレコードレーベルの名前としても用いていた。

BEFORE
THE BEHEADING
XXXTENTACION
PERFORMING LIVE
$10 ONLINE, $20 AT THE DOOR
1016 NORTH MILLS AVE

しかし『バッド・バイブス・フォーエヴァー』が世に出てくることはなかった。

予定されていた国外ツアーもすべてキャンセルされた。

西暦二〇一六年七月十四日、彼は逮捕された。以前のマネージャーの一人への刃物による傷害と、それから金品の強奪という嫌疑だった。

かくして長きにわたる地獄の季節が始まった。

歩哨《センテイネル》の丘――
ウィルバー・ウェイトリーと限りない空虚《ヨグ＝ソトース》とともに

8章

西暦二〇一六の最初の数ヶ月が終わる頃までには、彼の音楽とそして彼個人のキャラクターとが人々に強烈な衝撃を与えていたことは断言して間違いはない。

一番簡単にこの事象を説明するとこういうことになる。

無節操な金遣いとか、あるいは堕落、腐敗といったものに憧れを抱く郊外の白人の少年たちというのは黒人に魅了されがちなのだ。

しかしこんなのはヒップホップの正史においては半ば公然の秘密でもある。

実際ユーチューブに上げられたXXXテンタシオンのギグの記録映像を観れば、聴衆の中にはかなりまとまった数の白人の子供たちの姿が見つかる。

だが一方でユーチューブには、彼の追悼行事の記録映像も上げられている。中には通称〝メルローズ通りの騒乱〟と呼ばれるものもある。

群衆は白黒折衷している。

西暦二〇一五年十二月十六日には彼自身によるこんなツイートも見つかる。

俺の作る音楽ってのはよ、イカれた黒人のガキどもとそれから、尖った白人連中のためのものなんだぜ<3
この彼の腐敗傾向《ヴエナルテイ》こそが入り口となっていたことは否定できない。

むしろそうでなければ奇っ怪だ。

腐敗傾向《ヴエナルテイ》とは、あらゆるポップカルチャーにおいて、その導入薬物《ゲートウエイドラッグ》的な役割を果たすものである。

しかもこいつに手を出してしまうことは至極簡単なのだ。

アメリカの生活では一切が打算的であり、換金可能《ヴェナル》だからだ。

しかしそれが彼らを彼らたらしめているすべてだという訳でもない。


彼のラップのスタイルというのは、いったい何がラップの達人への称号ともいうべき〝本物のマイクの支配者〟なるものを作り上げているのかといった部分を気にかけているようなレベルの、たぶんせいぜいが五万人くらいの数の人々からの称賛を受け取ることは決してない。

緊密な構成の気の利いた発露なんてものは見つからないのだ。

ごく稀に、ある小節で登場した意味の断片が次へと持ち越され、さらにその次で変質する程度のことが起きるだけである。

全体の俯瞰図も、決して創意に富むとはいえない。

まあでもそれでかまわなかったのだ。

彼はニューヨークの出身ではないし、西暦一九九四年など最早遠い昔なのだから。

この傍証となりそうなのが、彼の生前に商業的発売を見た二枚のアルバムの、そのそれぞれの冒頭に収録されているトラックたちだろう。

アルバムは『17』と『?』だ。

どちらもが、アルバム全体のいわゆる目的のようなものを並べ上げる本人の語りのような言葉で幕を開けている。

ずばり「説明《エクスプラネーション》」と題された『17』の開幕部を引用する。

> この『17』は、俺の悪夢と考えと、あと潜り抜けてきた様々な現実を集めたものだ。十七というのは俺の頭の右側に刺青された数字でもある。俺を表わす番号だ。理由はそのうち、来たるべき取材やほかの機会で明らかにされることだろう。このアルバムを聴くということはすなわち、お前さん方は文字通り、俺にはこれ以上この意味を強調する言葉が浮かばないんだが、だからマジで文字通り、俺の心の中にまで招き入れられることになる。だから、もしあんたに俺の感情を受け容れたいとか、俺の言葉にしっかり耳を傾けてみたいとか、そういう気持ちがないのならば、聴くのは止しておいてくれ。俺はあんたが払ってくれた金に価値を置くつもりはない。俺が認めるのは、あんたが受け容れてくれることと、それから忠誠心だ。ここにあるのは言葉にされた俺の痛みと思いとだ。自分のすべてをここに突っ込んだ。それがあんたらの絶望を癒やす助けとなってくれればいい。せめて鈍らせるくらいはできたらいい。そんな希望を抱きながら、だ。愛してるぜ。聴いてくれてありがとうな。楽しんでくれ。

本書に載っているすべてと同様に、この些か以上にまとまった引用もまた、その持っていた音色に近づくことは決してできない。

どれほど言葉を尽くしても、ここでの彼の声が、それ以前に存在した何ものとも似ていなかった現実を的確に表現することは叶わないのだ。

マイクの拾った雑音から想像するに、これはおそらく彼の寝室で録音されたものなのだと思われる。

「エクスプラネーション」は彼のツイートとよく似て響く。

ここに改めて強調しておくべき内容がある。

つまり彼こそは、自分の音楽と、SNS上での未検閲の、ある意味あからさまな自分自身の存在とを区別しなかった、史上初のレコーディングアーティストだったのだ。

ラップはストリートとパーティーの文化から起こった。

路上にあることそれ自体は、ただちにその存在に、堕落なり換金性なりといった要素を付与するものでは決してない。

パーティーの席で悲しそうにしている人間と仲良くやろうと思うやつはいない。

あ、いや、これはまあ個人的な経験からの見解ではあるのだが。

そういうのはだから、示威し、証明しなければならないのである。

要は見栄を張るのだ。

XXXテンタシオンは必ずしも、ヒップホップには大抵つきものの、男っぷりの誇示とか、あるいはそれに準ずるある種の基調のようなものに対しても、十分な免疫があった訳では決してなかった。

彼の作品が挑んでいたのはまさにこの点なのだ。

我々は、まるっきり徹底的に暴力的な輩でも、自分の価値とはなんぞやという疑問によって一面を規定されているのだという事実を改めて認めざるを得なくなる。

誰かをめためたに叩きのめし、あまつさえその時の写真を自分の曲のジャケットイメージとして使えてしまえるような野郎が、場面によっては痛々しいほど傷つきやすくもなれるのだという事実を認めざるを得なくなる。


アメリカで実質日々機能している内容はこの真逆だ。

何かに成るか、それともほかのものに成るのかといった理屈が正論として声高に唱えられている。

両方に成ることはできない。

だから、暴力的な黒人は〝感情の正当な代弁者〟たることはできないのだ。

しかし現実の人々はそうではない。

人々の現実の暮らしは、と言い換えてもいい。

しかしアルバムというものはそういう聴かれ方をする。一面的な意味を求められる。

そのうえその姿勢の背後には、刑務労働を産業に転化する複合体の手法を正当化している、ある種の根拠のようなものが横たわってもいるのである。


だがしかし、傷つきやすさの本質とはいったいなんだ？

何故それが伝播する？　誰かに伝わる？

たぶんそれが本物だからだ。

一般的な話をすれば、他人がくどくどと自分の蒙《こうむ》った災難について話しているのに耳を傾けなければならないことほど煩わしいものもそうそうはないはずだ。

だがもっとわかりやすい答えがある。本書の冒頭に示しておいた。

壊れた家庭。両親の不在。犯罪行為。育児放棄。暴力。制度的差別。その結果、愛し愛されるという能力が致命的に欠如する。

こうした連鎖もまた、まことしやかな定説となっている。

彼のツイートを見る限り僕は、なるほどこれはＸＸＸテンタシオンの自意識というものを説明しているのかも知れないなとも思うのである。


けれど僕にはもう一つ別の理屈も通るように思われる。

正しき目と耳とをもって改めて彼に注視を向け謹聴したならば、たぶん彼が何者であったか、そもそもどこからやってきたのかもわかるはずだ。

もちろんブロワード群のことをいいたい訳ではない。

彼はインターネットから出現したのだ。

我々の世界と同じ空間を共有しているもう一つの世界がある。

だがそれは我々のものではない。

その世界が本当にすっかり消え失せてしまうまで、そこの住人たちにとってすら、それが根底で何によって規定されていたのかが明らかになることはなかった。

その根本規定とはこうだ。

古い世界とは、金融業者らがインターネットの利用価値に気づく以前の世界だった。

その世界ではだが、一部の選ばれた人々が、経済市場で濡れ手に粟のボロ儲けをするために確立した行動様式すら最早通用しなくなっていた。

その世界を形作っていたのは、こうした一部の選ばれた連中が皆知っていた、堕落した似非《スード》哲学だった。

そこでは人類のコミュニケーションというものもまだ、我々という種が持っていた最悪の衝動の、そのグロテスクなあり方の搾取なんてものにまでは貶められたりしてはいなかったのである。

西暦一九九五年の世界に生きていた人々には、液晶画面を覗き込み、そこでまず顔射やらアナルファックやら満載の乱交の映像を観て、一秒の半分も経たないうちに今度は同じ画面上で、ロンドンのメイダヴェール出身だとかいう誰かがアメリカのジャーナリストの首を刎ねる様を見守り、そしてまた、やはり一秒の半分も経たないうちに、ソーシャルメディア上で五十人もの人間から、あのファンタジーに出てくるあのキャラクターの性別を間違えるなんて、貴様きっと悪魔の生まれ変わりだな、などといって糾弾されていることなんて絶対不可能だった。


こうした変容は大体この十二年くらいで起きた。

全容が解明されるまでには何世紀もかかるだろう。

もしこの先も世紀なんてものがまだあればの話ではあるが。

この変容がもたらしてくれたものはほかにもある。未来なんてものはもうないのだという認識だ。

よしまだ全地球的な警告ではなかったとしても、ツイッター上の大統領閣下は、核戦争への道を邁進しているではないか。


抜本的な社会変革なるものが起きる時、老人たちは必ず同じ危惧を胸に抱く。

なんとなれば、子供たちにはかつての日々の記憶などないからだ。

しかし、子供の方はこの同じ問いを発することはない。

子供たちはどうなる?

子供たちにとっては、その一瞬一瞬の経験は常に当り前なのだ。

XXXテンタシオンのことを考えてみよう。彼は西暦一九九八年の生まれだった。

つまり彼はインターネットと一緒に育ってきたのだ。

両者はまるで差別主義者で変態でもあったH・P・ラヴクラフトの手になる『ダンウィッチの怪』みたいだ。同作中ではウィルバー・ウェイトリーという名前の若者が、周囲の社会から疎外された形で成長していく。この彼の双児の弟というのが、怪物というか、ある種のお化けみたいな存在で、誰の目にも姿が見えないだけでなく、時が経つに連れてただただ、さらにおぞましく、一層危険な存在へとなっていく。

ラヴクラフトはウィルバー・ウェイトリーの方もあからさまにあまり好感の持てない人物として描いている。獣のような容貌をして、奇っ怪な祖父の計画にただ従って行動しているのだ。

しかしこのウィルバー・ウェイトリーだけが、同作中においては唯一感情移入の余地を持つ登場人物なのである。

彼は不幸な星の下に生まれついていたといっていい。

彼の父親が〝限りない空虚《ヨグ＝ソトース》〟であることも不自然には思えないようにできている。これは宇宙開闢《かいびゃく》からの、渾沌とした悪意の渦のようなもののことだ。

そして彼のおぞましい、不可視の弟が納屋に匿われていることも、やはり何ら不自然ではない。

弟の姿は誰にも見えない。

しかし誰もがそれがそこに居ることを知っている。

そしてまた誰もが、そいつが今なお、よりおぞましい怪物へと変貌を重ねていることも知っているのである。

ウィルバーはただ自分のやっていることを続けるしかない。

誰だってそれしかできない。

XXXテンタシオンの美学というのはまさにネットの直接の産物である。

彼は仕事に就くこともついにしなかった。

在宅拘置の期間も非常に長い。

最後には高校を退学になった。

いったい彼にほかに何ができたという。

気の遠くなるような時間をただ〈ユーチューブ〉と〈パイレートベイ〉に費やすほかないではないか。

狂気の中に生まれ落とされ、それを普通のことだと受け取ったとして、それでその狂気が多少なりともまともに近づいたりする訳でなど決してない。

そして、生き物としての人間はもっと原始的である。

不安を感じるようにできている。

こいつは生存のための機能だ。進化の副産物とも呼べる。攻撃が間近に迫った時それを報せてくれるものだ。

肉体というものは、ストレス過多の状況に対しては張り詰めた反応を起こすようにできている。

そして、インターネットを含んだメディアというものは基本すべて、こうした緊張反応の延長線上にある。その連続がやがて新たな人格を作り上げていく。

では、肉体なるこの機械が、それまでかつて対峙してきた、こうしたストレスの元凶と成り得るようなもののどれとの比較においても、より一層強固で頑迷な何かしらに直面してしまったとしたら、はたしていったいどうなるのだろう。

もし世界に対する個人の内的反応というものが、人間への蔑視といったものを動力とする構造にすっかり支配されているのだとしたら。そいつは実は、超のつく金持ち連中が〝てめえらなんてゴミ以下の存在なんだぞ〟と世に広く知ろしめるために作り上げたものなのだ。

XXテンタシオンが眉をすっかり剃り落としてしまったのは西暦二〇一七年の十月である。その後彼はインスタグラムで長い中継を行っている。

この映像がまだ〈ユーチューブ〉に生き残っている。

アーティストとそのファンの間の緊密さを示すものとしては際立っている。

彼の傷つきやすさは並外れている。

有名人でこんなふうだった人間はたぶんかつて一人としていない。

誰かが、なんで眉剃っちゃったんですか、と訊いた。

彼はこう答えた。

なんで眉なしになったかって？　そりゃあ俺が普通に見られたくねえからだ。ほかのやつらと同じに見えたくなんてないんだよ。俺は俺自身でありたい。だから、それがもし、自分自身であるためにはより醜くなければならないんだとしたら、俺は醜くなるんだよ。もっとマジに言えばな、醜くなってなお本物の人間を惹きつけたい。周りにいる本物の人間たちに、今よりもっとこっちを向いて欲しいんだ。誰もが俺に望むような見た目になってよ、ただ俺をぶん殴りたいがために俺の周りにいるような偽もんのクソッタレなニガの悪党どもとつるみてえなと思うんだよ。何故ならもう利用されることにはうんざりだからだ。俺は四六時中利用されてる。あんたはそういうニガどもの存在にすら気づいてないかも知れない。俺はな、もうこのクソみたいなネットってやつにももうあんまりいたいと思わねえんだ。こいつはマジくそみてえにネガティブだ。どんどんこっちを吸い尽くしていきやがる。マジ吸血鬼みたいだぞ。

共感なるものを別にしてしまえば、二〇一八年辺りに最も流行らなくなってしまった考え方は〝命を脅かさないものが誰かを強くすることもあり得る〟といった内容ではないだろうか。

我々は九一一以降、その真逆を信じて生きてきた。

どうすれば昔のトラウマに苛まれずにいられるか。

答えは身を隠すことだった。

だが本当に隠れることなどできはしない。

文明とその偽りの約束というものは、あたかも住む者のなくなった家で、古い家具たちを覆っているシーツのようなものだからだ。

人生が始まってからの十八年間というもの、ＸＸＸテンタシオンは、世界から、更正のための制度から、彼を退学にした学校から、両親の不在から、そしてネットから、このように言われてきたようなものだった。

〝お前は箸にも棒にもかからないクソだ〟と。

結果彼は、その実体は弱さでしかない種類の強さを手に入れてしまった。

暴力は剥き出しにされた傷跡だ。

僕の考えはこうだ。彼のファンたちにとっては、彼の傷はまさに自分たちのそれを映した鏡のようなものだったのである。

彼とはすなわち時代のアンテナだったのだ。

個人と人格とが、そして芸術家とその芸術とが分かちがたく結びつくという考えは当然あり得よう。そして、いわば国際的資本主義によって蹂躙されてしまった思春期というのは、つまり、人生初のオカズが地下室に見つけた〈プレイボーイ〉誌などではなくて、エロサイトの〈ドクターホア〉に上がっていた、ポルノ女優のスキン・ダイヤモンドが、これまた同じポルノ女優で、こちらは『ティーンネイジ・ミュータント・タートルズ』に出てくるキャラクターの名前をそのまま頂戴して活動しているエイプリル・オニールと一緒になって男優にフェラチオしている映像だったような若者たちはだから、徒然なるままに自分たちの心に浮かんだよしなしごとの一切を、ニューヨークやらサンフランシスコやらシアトルやロスアンジェルスやロンドンから登場してきた二千人ばかりの得体のよく知れない連中に対する無償の供物として捧げるべく、いわば半ば義務的に、自ら進んで映像撮影の技術を身につけるよう強制している、そしてそのことによって子供たちをダメにしていく、そういう世界にしか生きていないのである。

逃げろ・隠れろ・闘え。

彼の抱えた傷と虚しさ。もし自分の肉体を他者のために使うことだけが許された唯一の目的であるような立場に生まれてきたとしたら、その時初めて、世界というものがこちらに何をしようとしているのかもきっと理解できるのだろう。

ベイビー・イッツ・ユー

9
章

凋落は彼が元マネージャーだかを刺してしまった時に始まった。

金絡みだったらしい。

この刃傷《にんしょう》沙汰が起きたのは西暦二〇一六年七月五日近辺のことになる。

逮捕状が発行された。

彼は窃盗と凶器による加重暴行の容疑で捕まった。

当該事件の詳細はなお曖昧なままだ。

ツイートはすべて削除されている。

彼はまだ、昔のことを根掘り葉掘り調べられ、考察の対象とされてしまうほどまでには有名になってなどいなかったのである。

逮捕の数日後、見かけ上はジュネーヴァが彼のアカウントに残していったかに見えるツイートが一つ残されている。

ジャセー愛してる。アンタはコドクなすたあだわ。

僕にはけれど、こいつはＸＸＸテンタシオンが自ら書いたものに思えて仕方がない。

だがいったい誰に断言などできよう。

ＸＸＸテンタシオンが拘束されていたほんの数日の間にジュネーヴァは彼の部屋から逃げ出している。

友人の何人かがこれを手伝っている。

彼女はテキサスに身を移す。

彼女の逃走の詳細、それと、彼が彼女に為したとされている虐待についてもやはり関連すると見られるツイートが投稿されていた。

それらはまだ削除されず残されていた。

しかも、後に彼女への暴行によって彼が起訴された際に詳《つまび》らかにされていった一連の仔細ときっちり整合を取るものだった。踏みつけたこと。溺れかけさせたこと。そして金属製の凶器を用いたこと。

実際に彼女への暴行が行われていたことを物語る何よりの証拠だ。

まず出所が、売れる物など何一つとして持たなかった人間である。

そして、犯罪捜査のある種の高揚感に満ちた雰囲気の中から見つかってきたものでもない。

なるべくなら無礼に聞こえなければいいなとは思うのだが、ここでこれだけは言っておく。この数ヶ月という期間僕の目に止まった一連の事件に関わる人物の誰一人、僕にはどうにも、嘘を嘘として突き通すことができそうだとは思えなかった。

これらの細部はまた公の場にも広がって行った。

けれどどこにもたどりつかなかった。

まっとうな捜査など行われなかった。


釈放直後の数日間はＸＸＸテンタシオンも沈黙を貫いている。

そして西暦二〇一六年八月九日に再び逮捕される。

今度は暴行と住居不法侵入である。

西暦二〇一五年十一月に起きていた事件だ。

彼が多少の情報器具をせしめ、拳銃で男性を殴ったあの一件だ。

被害者がツイッターで彼の写真を見つけ、犯人だと特定したあの一件である。


あれからまだ一年も経ってはいなかったが、この時間は彼にしてみれば、多くの人が十年もかけて経験するような一切が詰め込まれていたものでもあった。

彼は自分の音楽で、Ｔシャツやらのグッズ販売やツアーやらで稼げるようにまでなっていた。

魔女たちともまぐわい、かつ悪魔払いに列席するようにもなった。

アングラのヒップホップに通じているような人々が集う場所ならば誰もが彼のことを知っていた。

今やほとんどフロリダで最も有名なアーティストの一人といってよかった。

しかし、いよいよ過去が彼を呼び戻しに現れた。

あるいはジャセー・オンフロイはこの頃にはもう死んでいたのかも知れない。

だが逮捕状に記されていたのはこの名前だった。

彼は西暦二〇一六年九月十九日まで拘置されていた。

そして釈放された。

ジュネーヴァがテキサスから戻ってきた。

そして再び彼と暮らし始めた。

予断は為《な》すまい。

二人は違う水に棲む生き物なのだ。

さらに事態は悪化する。

西暦二〇一六年十月八日、ＸＸＸテンタシオンは再び司直の手にかかる。今回は妊娠中の被害者を略取監禁し、加重暴行を加えたという嫌疑である。

ジュネーヴァ

10章

ジュネーヴァをググるには幾つかやり方がある。

プロヴァイダーの提供によるトップページで彼女の名前を検索にかければまずは多国籍大企業が挙がってくる。だが最初の五つくらいのうちには、サイトの〈レディット〉の中にある、彼女自身が作成したポルノ映像へのリンクが張ってある掲示板が登場してくるはずである。

彼女がヤっている映像もある。張り型《ディルドウ》に跨がって挿入していく映像もある。咥えている映像もある。


しかし彼女の本名で検索をかけると〝見做し現実《コンセンサスリアリティ》〟とでも呼ぶべきものを目の当たりにさせられることになる。これはいわば〝多数の同意を根拠とし、ある種の内容が真実として成立している〟とでも称するべき種類の事象だ。

XXXテンタシオンが死んでしまうよりずっと以前からマスコミはジュネーヴァに襲いかかっていた。

僕がたどり着くよりよほど前だ。

時にひょっとして自分が〝推定無罪〟なるものを信じている最後のアメリカ人なんじゃないかと思えてしまうような日がしばしば訪れる。

特に被告が黒人男性である場合はなおさらだ。

しかも、XXXテンタシオンはとっくに死んでしまっていて、最早まっとうな裁判を受けることすら叶わない。

だが誰かが彼女を殴打したのは事実だ。

彼が正式な裁判にかけられることはもうない訳だが、ＸＸＸテンタシオンこそがその責めを負うべき人物である点については、可能性があるどころの話ではないと断ずることもそれほど間違ってはいないのだろうと、僕自身も個人的にはそう考えている。

それでもこれも所詮は推論に基づくものでしかない。

実際に提示された証拠は何もない。

だからできるのは、入手可能な情報を元に考察していくことのみだ。

ずっと長いこと、この件に関する僕の知識というのは、サイトの〈ピッチフォーク〉に掲載されていた、一四二ページに及ぶ宣誓調書の要約だと称する一五九二語の記事に拠っていた。

そして、もし僕らが〈ピッチフォーク〉に載ったこの一五九二語の記事を彼の罪状の有無、あるいは社会的制裁なりを決定する、その判断基準として採用してしまうのであれば、それはすなわち〝自由の樹《ツリー・オブ・リバティ》〟だかいうもの甦らせるため、その根方に愛国者と暴君たちの血を注ぐような所業でしかないだろうくらいに思っていた。

だがしかし、僕は二〇一六年七月以降の彼のツイートに目を通した。

そして理解した。

誰かがこの女性を殴った。

それは彼だ。


〈#MeToo〉運動が盛んになってしばらくした頃に〈クィレット《柳の幹》〉というサイトが、サマンサ・ゲイマーのインタビューを掲載した。

サマンサ・ゲイマーが〝見做し現実《コンセンサスリアリティ》〟の中を歩んでいかなければならなかった茨の旅路の始まりは、遙か西暦一九七七年にまで遡る。彼女は映画監督ロマン・ポランスキーにレイプされた。彼は当時四十五歳だった。

そしてこの時彼女はたったの十三歳だった。

それから実に四十一年もの間、彼女はこの悪夢に苛まれ続けることになった。

〈クィレット《柳の幹》〉自体の印象がどうであれ、サマンサ・ゲイマーが大人になってからの人生というものが、虐待《ハラスメント》と著名性《セレブリティ》、そしてマスコミという三者が交錯する場所だったことに変わりはない。

彼女こそが〈#MeToo〉運動の起源だったともいえる。

インタビューで彼女はこう語っている。


女というものは基本、男性側が自分たちを性的に利用したことに関しては非常に鋭敏なものなのですが、それでも、マスコミに籍をおく男たちが、明らかに本質的に間違っている方法で同じことをしている点については何故か気づかれぬままになっています。いったいどうしてなのでしょう。

ジュネーヴァのことを考えるたび僕が感じるのは深い哀れみだ。

明らかに彼女にとってもXXXテンタシオンとの関係というのは、人生において最も重要なものの一つにまでなり得ていたはずなのだ。

名前でも変えないかぎり、すべてはこの先も彼女につきまとうのだろう。

いや、たとえそうしたってこの点だけはきっと変わらないのに違いない。

もし僕自身が今そういう〝見做し現実《コンセンサスリアリティ》〟のようなものを改めて造り出そうとしているのならば、はたしてXXXテンタシオンはジュネーヴァの人生をすっかり破壊してしまったことについての責めを負うべきなのかどうかといった議論から、まずは手を着けざるを得ない。

だがそうすれば、道義性《モラリティー》なるものをでっち上げて流布している有象無象どもと同じことをすることになる。

そうなれば僕は嘘つきだ。

殴打事件の前からすでにジュネーヴァは大きな社会変革の波に晒されていた。生きている者のうちには誰一人、この変革の輪郭や、内包していた意味を完全に把握することのできる者などいはすまい。まだようやく二十代の入り口に差し掛かったばかりの若者ならばなおさらだ。

昔の人生というのは大体こんな感じだった。ただ若くあることができたし、そのままで存在できていた。だから、バカげてしょうもないようなことだってやってしまえた。そして、刑事司法制度の網の目に捕らえられたりしてしまわないかぎりにおいては、そういったしょうもないことに背を向けてしまうことも簡単だった。

それにそうしたバカげてしょうもないことどもが、新たな人生を踏み出そうとする際に障害となりかねないような場面では、逃げ出すことだって不可能ではなかった。

しかし、今やそうしたしょうもない細部のそのほんの欠片までもが容易く金になる中身へと変わり得るような時代が訪れてしまった。

一切が消え去ることをしない。人々はそれぞれが頭上に戴いた主へと金を貢ぐ。情報の細長い糸が、国家を越えて存在するおおよそ十万人くらいの連中にさらなる金をもたらすための道具として日々消費されていく。

これはＸＸＸテンタシオンとジュネーヴァのことをいっているのではない。

読者諸君、これは君たちのことだ。

君らの人生はすでに他者の資産だ。

最早国家安全保障のための巨大な組織や、あるいは秘密警察といったものは必要もなくなった。

君らが為すしょうもないバカげたことどもは、公私の場を問わず、誰かのスマートフォンによって撮影されているのだから。

もちろん彼らはそれを我が物とする。

そして世界がその中身を知ることになる。

そしてその世界を支配している連中が、君らのそういった違法行為からそこそこの金を儲けることになるのである。

あらゆる女性器《プシイ》が、どうぞつかんで下さいとばかりに差し出される。

未来に幸あれ。


ジュネーヴァについて触れる。

彼女の前半生はろくでもない。

最善の選択肢なんてものすらなかった。

西暦二〇一六年五月、彼女はある男と一緒に暮らすようになった。

彼は地方の一ミュージシャンだったが、すでに過激なファンがついていた。

率直にいってこの名声が、いわば最初のきっかけともなってはいたのだろう。

大抵はそういうものだ。

二人は都合四ヶ月ほどつきあった。

なんであれ恋に落ちていたのだ。

ただし、この点をあまりロマンティックに捉えるべきではない。

〝シド&ナンシー〟に準《なぞら》えるようなバカな真似はよすべきだ。

恋に落ちるなんてことはあきれるほど当り前だ。

至極容易な情動だ。

誰にだって四ヶ月恋に落ちるようなことは起こり得る。

二人が一緒にいた時期には彼の名声も多少は広まり、そして悪名高さの方もやはり、幾ばくかは巷に知れわたるようになっていった。それでもまだ、決して巨大メディアが取り上げるほどではなかった。

彼女はしばしば虐待を受けていた。そしてそのうちの最たるものが彼の逮捕の理由となった。

　この最後の殴打はひどいものだった。

頭蓋にひびが入った。

眼球の一つがダメになった。

彼は彼女が病院に行くことすら許さなかった。

彼がゲームの『マインクラフト』に興じている隙を見て、彼女は家から逃げ出した。

対戦相手はファンたちだった。

そして彼女は一枚の写真をツイッターに上げた。

重傷にしか見えなかった。

ひどかった。

彼には過激なファンたちがついていた。彼の生活のすべては経済を牛耳る輩どもの利益のために逐一情報化されていた。それゆえ彼が逮捕された時には、誰もがもうすでに彼のガールフレンドの名前も知っていた。

彼が公開した映像の幾つかにも彼女の姿は映っていた。

今や彼は監獄にいた。

ツイッターに〈レディット〉に〈スナップチャット〉にインスタグラムといった各所で彼女のことが話題にされた。

そして数ヶ月後、本人はまだ収監されたままだというのに、彼は本物の〝名声〟へと向け発射された。

彼は〈ホット１００〉に名を連ねた。

この上昇気流の真っ只中、サイトの〈ピッチフォーク〉が彼女の宣誓調書をすっぱ抜いた。

〈ピッチフォーク〉は確かに彼女の実名を載せることはしなかった。

だがそんなことにはほぼ意味などなかった。

そんなものはもうネット中に知れ渡っていた。

しかも、アルバム『17』の最後を飾ったトラックのタイトルが彼女の名前だった。

そしてメディアはどこにでもあった。

さらに彼女は〈オンリーフレンド〉なるサイトから、賞金の二ドルだかをせしめるべく自分でエロ動画を撮影してネットに投稿していた。

それもまた、なお出回ったままだった。

そして彼が死に、葬儀に出席しようとした彼女は、ファンたちと喧嘩になってしまうのだった。


自業自得だといって譲らない頑迷な輩はいつだっている。

だが間違いだ。

西暦二〇一六年に誰かとつきあっていたという理由だけでは誰も、殴打されたり、その後もその事実をマスコミ喧伝されなければならないことにはならないはずだ。


もう一度ウィルバー・ウェイトリーを持ち出す。

今の子供たちの世代は全員が全員、自分たちが搾取されることは、いってみれば人生というものの普通のあり方なのだと思い込んでしまうよう育てられている。

だからどんな間違いもやらかす訳にはいかない。すべてはデータ化されるのだから。

裕福な子供らはそれでも、貧しい子供らと同じようにはネットの悪影響を蒙《こうむ》らない。

彼らはただ〈トゥイッチ〉でのゲームの実況中継とか、さもなければお粗末な自家製ポルノ映像を眺めているだけである。

けれどそこに映り込んでいる家具を見れば、そういうのが労働者階級の人々によって作られたものであることもすぐわかる。

いや、制作者が稀に新興成金層であることもあるにはあるが。

XXXテンタシオンとジュネーヴァの二人はたぶん、暴行の廉《かど》で告発された方もした方も、そうした暴行の場面を複数どころではない数のビデオに収めていた世界で最初の事例ともなるのだろう。

だが関係者の誰一人ポルノ映画のプロであったりなどはしないのだ。

あるいは僕は、ここで誤った印象を与えてしまっている可能性もある。

彼女はすでに幸せな人生を送っていて、一度〝名声の機能〟なるものに触れてしまった経験も結局はいい方に働いてくれたと考えている可能性だって決して皆無ではない。

もしそうだとしたら、僕はまあ、クソに身を浸しているようなものだろう。

だがどうしてもサマンサ・ゲイナーのことが頭から離れてくれないのである。

ジュネーヴァが希望のたくさん見つかるような場所に生まれ落ちた訳ではないことは自明だろう。

実際彼女の母親はとっくに出て行ってしまった後で、父親にはほかに十三人も子供がいた。何度か母にすがりもしたが、そのたびに蹴り出された。

そうした一切が彼女がまだ十六にもならないうちに起きていた。

このアメリカでは誰でもなんでもできるのだという考え方は戯言《ブルシット》だ。

多くの人々が階級の階段を昇っていけるような天賦の才を持って生まれてきたりなどしていないし、それを促進するたまさかの幸運に恵まれるといったことも起こらない。

そしてまた、その階段を昇っていけるだけの教育を与えてやれるだけの余裕のある親を持っている者も、やはりほとんどいないのである。

いや、自分が何を言っているのかはわかっている。

僕以上に生まれ落ちた階層から這い上がっていった者などいない。

この身はいわば、吐き気を誘うほどの成功譚《サックセスストーリー》だ。

僕は〝カマ掘り通り《バトファック》〟みたいな名前のどこでもないような場所に生まれ、母子家庭に育った。そしてもっぱら意志の力だけを武器として、いわば〝最後の本物の反体制的知識人〟なるものへと自分自身を作り変えることに成功した。

似たようなやつなんてたぶん絶対見つからない。

公立高校にはほとほとあきれ返っていたので、卒業の際にはなんの希望も見つからないような状態だった。

ただ僕の場合には、うんざりしていた事実にもさほどの意味はなかった。

僕にはその〝天賦の才〟ってやつがあったのだ。

ディケンズくらいには道理も不合理も見えていた。

それに、私立校に通えるだけの経済的なあても見つかった。

僕の通った私立校はちゃんとしたまともな教育を提供していた。

つまり僕は、二〇一三年のＸＸテンタシオンがあれほど切望し、ついには手の届かなかったものを得ることができていたのである。


公立高校にはディケンズほどに賢明でなどまったくない連中が山ほどいた。

皆が皆、揃ってドアノブみたいに間抜け面を引っ提げて黙りこくっていた。

彼らもまた蝕まれていたのだ。

そしてこういう連中は結局のところ、自分たちの親のそれとまるっきり見分けがつかないような人生を送ることになっていった。

彼らの毎日と彼らの両親たちの日々との唯一の目に見える違いといえば、アメリカの繁栄というあぶくみたいな幻想がはじけ飛んでしまったことにより、僕らの高校に通っていた子供たちの世代の方が、パパさんママさんたちと比べてもなお一層、経済的な状況を改善していく見込みを断たれてしまっていた点くらいだろう。

どれほど僕が自らの出自から這い上がっていったのかを如実に示す好例がある。

数ヶ月前のことだ。同性愛とかインターネットとかを扱った複数の猥雑な本を出版できた実績があるおかげで、僕の元に私立校の方の高校から、創立記念日に名誉客員講師《ゲストオブオナー》として演説してはくれまいかといった依頼が舞い込んできた。

僕はだから成功したＯＢという訳で、征服王よろしく凱旋することになったのだ。

そうした経緯でお金持ち君たちでいっぱいの講堂で一席ぶった。

僕は一応著名作家でもあったし、人前で話すことも決して不得手ではなかったものだから、お金持ち諸兄氏らは僕の一字一句に聞き入った。

僕は、このアメリカの生活の中心を占める幻想について繰り返し語り、同時にこの地球規模の悪意が造り出した階層社会において彼らが相対的にどんな居場所にいるのかといった意識を重ねてなまくらにしてやることで、連中をこっぴどくぶちのめした。

さらに僕は、十分な機会に恵まれさえすれば、誰にだって何だって不可能ではないのだという振りをした。

だけどほとんどの人々というのはジュネーヴァみたいなのだ。ヘンリー・デイヴィッド・ソローがこんな具合に描いた人たちだ。

> かくのごとく多くの人々が国家に奉仕させられる。肉体だけを手段とした、主に人としてではなく、むしろ機械でしかないかのような形で、である。常設の軍隊、市民兵、獄卒、巡察官、臨時警察——形はいろいろだ。しかも大抵の場合、その担うべき司法判断とか道徳規準とかが何であれ、特に無償の訓練課程が組まれている訳でもない。彼らはちょうど木や地面や石ころのように、ただそこにあればそれでよい。そのうち同じ目的をはたさせるためだけに木造人間みたいなものが開発されたとしてもたぶん何の不思議もない。

なにはともあれ、この引用はソローが鼻持ちならない頭でっかちの早漏野郎でしかなかったことを雄弁に物語っている。

彼はここで、ほとんどの人々がただ肉体のみによってしか奉仕できないような社会制度を国家が作り上げている事実を広く知ろしめるよりはむしろ、労働者階級が労働者階級であることを理由に彼らを非難することに重きを置いているからだ。

ソローは間違いなく頭でっかちの早漏野郎だろう。だが、それですぐ彼が間違っているということにもならないのである。

ほとんどの人々はただ己の肉体によってのみしか国家に奉仕することができない。その国家は今や、インターネットなるものを操作する一部の富裕層とすっかり区別がつかなくなっている。

ジュネーヴァがやっていたことがまさにこれなのだ。

素人ポルノを作っていたことをいっているのではない。

僕がいっているのは、彼女の肉体の有り様、外傷についての詳細な記述、それらの写真と映像といったすべての要素が、〝彼女は犠牲になったのだ〟という道義性を操作している人々の元に、ほとんど数えられないくらいの大量の金を手にさせる結果となったという点である。

こんなひどいことがまだ二十二歳の身に起きた。

エジプト王墓の呪いみたいだ。

こういうのはきっと彼女がこの世を去るその日まで延々つきまとい続ける。

人間として普通の行動の範囲を決して逸脱している訳ではない行為の代償としてはあまりにも高過ぎるように思える。

まだ三十歳にも届いていない人たちに向け僕からできるアドヴァイスが一つある。あの金満連中でいっぱいの一室で語った中身とは真逆の内容になる。

僕は、まったきの意志の力とそれから小狡さとをもって、僕を望んでいる人間など一人としていなかった向こう側へと突き抜けることに成功した人間だ。

テレビにも出た。ラジオにも出た。好意的でこそあったが決して長続きもしなかった訳だが、それでも〈ニューヨークタイムズ〉に〈ワシントンポスト〉、〈ウォールストリートジャーナル〉に〈ガーディアン〉、それからたぶん一万にも及ぼうかという都市部で左派を気取っているエリートの皆様たちのための各種媒体でも取り上げられた。

複数の国でベストセラー作家の仲間入りもした。

しかもこれらを成し遂げてくれたのは自費出版した本の力だった。

この、決して必要だったとも思えない各種の鍛錬が実際に起きてくれたことが、やがて論点を明確にし、常々自分が首を傾げてきた内容が真理であると教えてくれた。

こういうことだ。

人の為し遂げることに報いなど存在しはしない。

地位、権力、名声、金。

すべてクソだ。

この脱工業化後の経済体制において金が役に立つ唯一の場面というのは、みっともない家を買うために頭金を支払わなければならない時だけだ。

あとは多少まともな法律上の代理人を雇うことができる程度だ。

だから僕はこうアドヴァイスする。

ゲームに疑いようもなく裏があり、しかも、目に見えない社会的圧力がこちらの行動まで規定してくるような場面では、できることは一つしかない。

ぜんぶ間違ってやれ《ドゥ・エヴリ・シング・ウロング》。

誰だって相応しい振る舞い方というものがあることは知っている。

何であれ芸術の分野で名を為そうと思うなら、まず家賃より先に税金をちゃんと払うことだ。

しかしその向こう側に着いてみて、つまり一旦その〝吐き気を催す成功《サックセス》〟ってやつを収めたとして、ということだが、そこで目の当たりにさせられるものは、ルールというものが実は、機械の中の歯車のようにしか機能していない現実である。それこそ別種の木造人間を動かしているようなものだ。

ちゃんとまっとうにやることはできる。

きちんと税金を払うことだってできる。

だがそれを集めているのが誰なのかは問わない方がいい。

あとそれから、鏡を見ることもできるならば止めておけ。

だがすべてを間違ったやり方でやったらどうなるか？

たぶんこれこそが実はＸＸＸテンタシオンが言葉にせぬまま理解していたことなのだろうと僕は考えている。たださすがに僕も、彼が〝ぜんぶを間違ってやる〟ことと、機会によってはすっかりただの間抜けになってしまうこととの区別までちゃんと正しくできるほど、こうした内容を十分に理解していたとまでは思わない。

〝間違って〟というのはつまり、成功というものは実はすべて、人々が、そんなことしたらお前のキャリアなんぞすっかりダメになっちまうぞというような種類の物事でできあがっているのだということだ。

〝間違って〟さえいればきっと君にも〈サウンドクラウド〉に上げたクソみたいな何かであの〈ビルボード〉を騒がせるようなことだってできる。

あるいは寝室の真下の部屋で刷った本でベストセラーリストに名を連ねることも。

もう一方の〝ただの間抜けになる〟というのはつまり、二十二歳の女の子に、この先ずっとマスメディアの餌食となるような生涯を運命づけてしまうようなことである。

あるいは、ドイツからのネットに関するインタビューを受けるプレッシャーに耐えかねて、うんとずっと長いことつき合ってきた相手の心をしこたま傷つけてしまうこともここには含まれるはずである。

彼女の名誉のためにも明記しておくが、ジュネーヴァは自分がメディアの生け贄になっているという事態を十分に理解している。

ＸＸＸテンタシオンが亡くなった翌日、彼女は二つのツイートを公にしている。

一つ目はこうだ。

あんたたちがあたしを攻撃していないこともわかってる。でもこれは本当にあたしには関係がない事件だ。だからどうか、敬意を欠く幾つものサイトなり議論の場なりにあたしのことをひっつけるのは止めて欲しい。そういう出任せのどれであれ、多少でも気にかけたいつもりは一切ない。あたしはものすごく近しかった人を失ったのだ。ただ放っておいて欲しい。

二番目はこう。

あたしの立場を代弁するとかのたまって発言している連中には吐き気がする。別に誰も気にかけてくれなくたってあたしはまるっきり気にしない。でも何ヶ月も前、あたしが自分の人生をまだ失くしていなかった頃、彼はそうしてくれていた。それはいつだってそうだった。あたしは今もその場所にいる。それがどういう気持ちか、あんたらにわかるのか？　皆あたしが解放されてハッピーだろうとか思っているみたいだけど、そんな訳全然ない。ただ傷ついている。

そして、今の僕自身も自分がここであげつらってきた人々とどこも変わらない。

僕もまた、誰からもじろじろと奇異の目で見られるようなことなど何もしていない人間について書き連ねている禿鷹の一人だ。

この本そのものが本質的に追い打ちみたいなものでしかない。


打撲痕ならいずれは消える。

折れた骨もきっと癒える。

だが活字は永遠だ。


だから僕は、ここでたぶんいまだかつて誰もやっていないようなことをやる。

誰から要求された訳でもないが謝罪の言葉を先に述べておく。


ジュネーヴァ。

本当に申し訳ない。

この章だけじゃない。

君の人生のすべてに対して詫びを言いたい。

そのどの一つに関してだって、君は自分の身から出た錆だと受け止めなければならないようなことなど何一つとしてやってはいない。

我痛みを知るより 先に朽ち果つる を 望む

11
章

彼は一ヶ月を塀の中で過ごした。
季節が秋から冬へと移った。
さほど大したことは起こらなかった。
刑務所からかけた彼の電話の音声がツイッターに出回った程度だ。

西暦二〇一七年の初頭、ドレイクが新曲だといって「KMT」なる曲を公開した。これは「ルック・アト・ミー」の出来の悪いカヴァーだった。

同曲がラジオに流れ始めた時期のドレイクは、低調のうちでも最低を極めていたといっていい。

彼はカナダの出身で、昔は同国の学園ドラマ『デグラッシ』に出演していた。そしてヒップホップの文化から喋りの流暢さみたいなものを学び取りつつ、相対的には中産階級に属しているような子供たちの間に自身の知名度を広げていった。

表向きのドレイクの人柄を物語るこんなネタもある。

ああ、やつがお前さんのプ《P》レイス《S》テーションポ《P》ータブルをガメちまうことはないさ。でも注意しな。やつの行動は予測不可能だ。お前さんの彼女に花を贈るくらいのことは平気でやるぜ。

彼はヒップホップを取り上げる立場にいる〝良識ある白人《ライチャスホワイツ》〟たちからすれば、目に入れても痛くないような存在である。そのおかげで十年もの長きにわたってシーンに君臨し続けている。

もし思想信条主義主張といったものに対するあからさまな敵とでもいった存在があり得るとしたら、それはきっとこのドレイクだ。

「KMT」はネット上で一気にドレイクへの反感を引き出した。XXXテンタシオン本人のみならず、彼のファンたちからも、である。

この直後、いよいよ「ルック・アト・ミー」が商業ベースで発売された。ジャケットデータとしてここで使われたのは、西暦二〇一六年十月の逮捕の際の彼の同作の被疑者顔写真《マグシヨット》である。

極めてわかりやすい象徴《アイコン》だった。ここ数十年のアメリカのすべての写真の中でも最もすごい一枚だといって差し支えない。

何にせよこいつを引っつけさえすればそれでたちまち金になった。〝お手盛りの道義《マニユフアクチユアード・モラリテイ》〟を振りかざした測り知れない数の記事たちがこの写真をこれ見よがしに掲げていたのはこの理由のゆえだ。

現金が入ってくることは誰だって大歓迎だ。

写真はこんな感じだった。

「ルック・アト・ミー」は有料のストリーミングサイトでも売られるようになった。

このマグショットの効力とそれから同曲が一年以上にわたって各所でストリーミング再生数を稼ぎ出しつづけていた事実とが相俟って、ＸＸＸテンタシオンはついに〈ビルボード〉の〈ホット１００〉に登場することになったのだ。

しかも本人が塀の中にいる間に、だった。

今や彼はキリストの死の直後の神の御業《みわざ》よろしく、偽りの寺院のヴェールをすっかり引き裂いてしまった

チャートの人気者にまでなった。

成功とは道義である。

男は希代の悪党だった。

西暦二〇一七年四月、彼は釈放された。

翌日には彼は、ドレイクの母親ならば間男どもをくわえ込むのも容易いのだろうとツイートしている。

五月にＸＸＸテンタシオンはオハイオからやってきた十六歳の少女と出会っている。

名前をジョスリン・フローレスという。

モデルをやっていたらしい。

いや、それはロマンティックにすべく捏造された要素なのかも知れない。

彼の家からまとまった額の金が消えた。

彼女は部屋にいた別の女と口論を始めた。これがＸＸＸテンタシオンの癇に障った。彼はいろいろと、かなりやりこめられていたからだ。

彼は彼女をホテルの自分の部屋へと帰した。

彼女はそこで自殺した。

六月にはＸＸＸテンタシオンはスキーマスク・ザ・スランプ・ゴッドと一緒に〝リベンジ〟ツアーに繰り出した。

ツアー名は西暦二〇一七年五月発表の同名のミックステープから採られている。

これはアルバム一枚分の長さを持つ、彼の初めての商業的リリース作品だった。

そして昔の〈サウンドクラウド〉上の音源の中でも最高のものでもあった。

ツアーはだが、華々しいほどの災厄となった。

ファンと争うＸＸＸテンタシオン、ステージでぶちのめされるＸＸＸテンタシオン、さらには、間違ってスタッフにピケの中へと投げ込まれてしまうＸＸＸテンタシオンといった映像が流出した。

彼がこのツアーに出ている間にヒップホップ誌の〈XXL〉が〝西暦二〇一七年期待の新人〟という記事を載せた。

〈XXL〉の〝期待の新人〟は毎年恒例の特集で、今後の活躍が期待されるラッパーたちを並べ挙げてみせるものである。

雑誌の売れない夏の時期になんとか市場を動かそうという、長年続いてきた編集サイドの、いわば人気取りの方策だ。

西暦二〇一七年の期待の新人たちのうち、九人までは同誌の編集者が選出した。

十人目はネットの投票によって選ばれた。

圧倒的な票を集めたのがXXXテンタシオンだった。

ツアーの全日程は二十六日間の予定だった。

XXXテンタシオンも十一公演まではなんとかこなしたが、残りの日程は延期した。それでもフロリダで最終公演を行うことだけはした。

本人は心身ともに問題を抱え込んでしまったことを訴えていた。

〈XXL〉はこの〝期待の新人〟たちのうちから四人を選び、即興ラップのリレーメドレーをさせたビデオを公開した。このスタイルを〝サイファー《CYPHER》〟と呼ぶのだが、この時のラインナップは以下になる。

プレイボーイ・カルティ、メイドインTYO、アグリーゴッド、そしてXXXテンタシオンだ。


ほかの三人はこのサイファーを、ディディことショーン・コムズが文字通りゴールデンエイジ《黄金時代》ヒップホップを抹殺してしまって以降、同ジャンルがどれほど苦渋を舐めてきたかといった内容を訴える機会とした。ダイヤモンド《極上のスケ》にソッツ《娼婦》にパープ《大麻》、ストリップ劇場に〈ルイヴィトン〉に現ナマ、名指しされない敵への侮蔑に、あとたぶん、車に関するなんやかや。

スタジオの後方の暗がりの中で身動ぎもせず待機しながら、まるで幽霊さながらに一連のすべてに影を落とし続けていたXXXテンタシオンの順番は最後だった。

床に蹲った彼は無伴奏《アカペラ》で言葉を絞り出した。

僕が思うに、ではあるけれど、それはたぶん黙示録の残忍な光景についてであり、醜聞塗《まみ》れの聖職者たちの前で頭《こうべ》を垂れるキリスト教徒たちの偽善についてであり、人の本性として備わっている悪意の存在についてであり、それゆえ人は殺人を企図することができ、悪魔の息子となることもでき、生きているうちには信仰がどのように報われるかなど誰にも知ることはできないのだといった内容だった。

たった三十七秒だ。

これがすべてをかっさらった。

もし以上の表現が、この時の彼のパフォーマンスがホラーコア・ラップみたいであったかのように読めたなら、どうかそうではないことをわかっておいて戴きたいと思う。

ただ斬新だったのだ。この日のほかの誰とも似ていなかった。それ以前にこんなことが為された場面など絶対に思い出せないはずだ。

西暦二〇一七年の残りは名声がまさに押し潰さんばかりの勢いで襲ってきた。

クライマックスは八月の『17』のリリースだ。彼の最初の本物のアルバムだ。さらに十二月には『ア・ゲットー・クリスマス・キャロル』が登場した。

この両者は彼の音楽がどれほど進歩したかを雄弁に物語っている。

それも実に急激に。

『リベンジ』からは百万マイルも彼方にある。

こんな音を出した人間などいなかった。

〈サウンドクラウド〉に出入りするガキの一人でしかなかった彼は、この十年で最も重要なレコーディングアーティストとなったのだ。

しかもこうした一切が一年にも満たない期間に起きた。

『17』は〈ビルボード〉の〈トップ200〉で二位にランクされた。

しかしここでいかにもジャセー・オンフロイ的な事態が起きる。何か良いことが起きた時には必ずひどい出来事が後を追いかけてくるのである。

『17』の発売から二週間後、サイトの〈ピッチフォーク〉が裁判の前に作成される例のジュネーヴァの宣誓供述書を公にした。

確かに書類そのものは極度に閲覧が制限されていた訳でもなんでもない。

ただ思い出して戴きたいのは、こうした中身の一切はとっくにツイッター上にあったものだった点である。

けれどその頃は誰も気づきもしなかったし、気にも留めなかった。

彼が本物の金を稼ぎ始めてしまうより以前には。

十月三十日に実は僕は彼宛てにメールを打っている。内容はまあ、自著の宣伝だ。

昔のアドレスだったがまだ機能してくれていることを祈っての試みだった。

返事は来なかった。

彼が再び逮捕されたのは『ア・ゲットー・クリスマス・キャロル』の発売日の数日後だった。

起訴内容は複数の偽証教唆だ。彼の弁護士が持ち込んだジュネーヴァのサインが入った宣誓供述書がその根拠だった。この中で彼女は、自分は彼がこれ以上起訴されることは望んでいないとも書いていた。

偽証教唆は彼が収監されている時期に起きたとされていた。塀の中からかけた電話で行われたというのである。

つまり、神話の蛇よろしく一周して元の場所へと戻ってきた訳だ。

まるで@fuckjahsehが甦ったかのようだ。

彼の死後、西暦二〇一六年の十月の逮捕に先行した時期の、彼の電話とそれを含む前後の音声というものが公開されている。

この獄中からの電話というのが病んだ心の産物以外の何ものでもない代物だった。

四十六時間の拘留期間のうち、十六時間にも及ぶ間ずっと受話器を握り続けている人間のことを、これ以外にどう形容しろという。

なんらかの薬効《エピソード》でも出ていたのだとしか思えない。

どの電話の際にも彼はまず最初に、通話のすべてが録音されること、そして、彼の発言のどの一語も、場合によっては彼に不利な証拠として採用される可能性があることを警告されている。それでも彼は自分の犯罪歴をすっかり口に出してしまうのである。

そこにはだから、ジュネーヴァを殴ったらしいことも含まれていた。

もし〝良識ある白人《ライチャスホワイト》〟らの言葉を信じるならば、これらの録音は彼の遺した一切をただややこしくするだけになってしまう。

一連は彼らの手でこんな感じですっぱ抜かれた。

「これがXXXテンタシオンの悪魔的虐待に関する告白だ！」

しかしこれらの電話や秘密裏に録音されていた音声はどこか奇妙だ。まるで〈ノージャンパー〉の取材の頃に戻ってきてしまったかのようなのだ。チンピラっぽさを不必要に誇張しているのである。

一例を挙げよう。この時彼は西暦二〇一六年一月の刃傷沙汰についても話している。

自分では十人刺したと言っている。

だがこれはどう贔屓目にいっても嘘だ。

彼が刺したのは三人かせいぜい四人なのだ。

でも、それでは〝大したこと〟には全然ならない。

だからあのくだらない誇張癖がここで復活していたのだ。

そしてまあ〝良識ある白人《ライチャスホワイト》〟の皆様方の言い方に忠実に倣えば、これらの録音に中に一つだけ確認できないものがジュネーヴァへの殴打に関する明白な告白なのである。

西暦二〇一七年の逮捕の後、翌二〇一八年を迎えた彼は、総計二十にも及ぶ罪状で訴追を受けた。

たまたまだが、ここには現代アメリカというものが如実に映し出されてもいる。偽証教唆の罪の方がジュネーヴァに対する暴行や略取といった罪状よりも一層の重きを置かれているのである。

実際こちらの方が法に定められている量刑も重い。

もしすべての起訴内容について有罪判決を受けたとしたら、彼は十年単位の時間を塀の中で過ごさなければならないことになる。

けれどそういう事態にはならなかった。

だからこの偽証教唆による訴追こそが、アメリカの検察当局だかがどう動いているかを語る好例なのである。

嫌疑を受けた犯罪者はとりあえずまず、考えられ得る限りの一切の罪状のすべてにおいて起訴される。

こうしておけば裁判において被告がまったくの無罪とされる可能性は下がるし、十年単位で臭い飯を食らうことになるぞと脅すこともできるからである。

だから十五件もの偽証教唆で告発する。そうすれば相手は、せめて起訴件数を減らしてくれと懇願してくるからである。

勝ちを積み上げておいて、裁判の場で手こずることを回避するのだ。

西暦二〇一八年は終幕の年だ。

彼は実に慣れ親しんだ場所でこの新しい年を迎えることになった。在宅拘置だ。

彼が撃たれてしまうまで、物事は実に静かだった。

彼のセカンドアルバム『?』は西暦二〇一八年の三月に〈キャロラインディストリビューション〉から発売された。同社は〈キャピタルレコード〉の一部門で、その〈キャピタル〉は今や〈ユニヴァーサル〉の老舗傘下にあり、そして〈ユニヴァーサル〉のさらなる親会社はフランスのメディア事業複合体〈ヴィヴェンディ〉である。

今や彼もほかのアーティストたちと同じく、連中のために働くようになった訳だ。

新聞記事によれば、彼はこのアルバムを六百万ドルで契約したとされている。

眉に唾はつけておいた方がいい。

娯楽産業に関わって出てくる数字というのは大体水増しされている。

さらに、よしこの時の彼が六百万ドルの契約ができるだけの大物になっていたとしても、そこにはマネージャーに代理人に弁護士たちの軍団が待っている。

彼らへの支払いは税金にも優先して為される。

『?』からのリードシングルとなったのは「サッド!」だった。

いったい何をいえばいい。

この曲もまた怪物だった。

いいことが起きる時にはいつだって。

〈トップ２００〉での首位デビューを飾ったこのアルバムの発売から一週間後、画像共有サイト〈スナップチャット〉に昔上げられていた複数の映像が、改めてあちこちに流れ出した。

中で明らかに彼は女性の頭を殴っていた。

次々と出てきた彼の暴力絡みの諸々の中で、僕の目には、ではあるけれど、この一件が実は一番理解しがたい。

なんだか舞台の上みたいに見えるし、音声もない。

結局はこの映像に関して起きたのは、ＸＸＸテンタシオンの方が問題の女性を訴えたことだけだった。

彼の死から遡ること一ヶ月ほど前のことになる。〈スポティファイ〉が自社編集で作成した、あるいはプログラミングによって編成されたプレイリストにおいて、巷間でいわゆる〝露悪的内容《ヘイトフルコンテンツ》〟と呼ばれているものを表明・生産している演者たちに関してはこれ以上の宣伝協力をしないよう決定したと発表した。

〈スポティファイ〉はシリコンバレーの資本によって成立した。

しかしこの決定は実はまったくの無意味だった。

同施策は〝露悪的内容《ヘイトフルコンテンツ》〟なるものを以下のように定義している。

ある性質によって規定される個人または集団に対する憎悪や暴力を、明確かつ本義的に促進し、主唱し、あるいは仄めかしているような内容を含むもの。ここでの〝ある性質〟には下記が含まれるものとする。人種、宗教、性自認、性別、民族性、性的指向、一つの物事への熟練度、あるいはハンディキャップなど。

こんなの特定できるはずがない。

けれど結果としてただ二人きりのアーティストだけがこの条項を適用された。R・ケリーとXXXテンタシオンだ。両者のどちらとも、彼らの不名誉となりそうな曲や、あるいは〈南部貧困法律《サザンボヴァーティロウ》センター〉から名指しで非難されるような曲などかつて発表したこともなかった。

要はこの新しい方針は、結局は自社の宣伝のためのポーズだったのだ。戯言《ブルシット》だ。なんとなればこういいながらも〈スポティファイ〉は、レナード・スキナードの「スイート・ホーム・アラバマ」を自身のプレイリストだかから外すかどうかといったことについては、検討しさえしなかったのだから。

バンド自身は数十年にわたって否定し続けてこそいるけれど、この「スイート・ホーム・アラバマ」は明らかに人種分離政策への支持を表明した曲である。

これはだから、歴史の一つの展開点ともなった最高裁における一九五四年のブラウン対教育委員会の裁判での、教育機関での人種分離の正当性を否定して見せた判決を、かつての同州知事ジョージ・ウォレスがあえて真っ向から踏みにじったことに対する、南部白人の側からの強烈な讃歌なのである。

あなたの御意見を、ここに書いて戴ければと思う。

いよいよ終幕が訪れる。

西暦二〇一八年六月十八日、自分の車を運転していたＸＸＸテンタシオンは首筋を銃弾で撃ち抜かれた。

外出したのはバイクを買うためだった。

二十歳だった。

彼が命を落としたまさにその直後、人々はこぞって車内で息絶えている彼の姿を撮影し、その映像をネットに上げた。

画質はどれもこれもがものすごくどころでなくクソみたいだった。

どうすればスマートフォンを水平に維持できるかさえ知らないような連中が紡ぎ出した、画素の粗さとブロックノイズのオンパレードだ。

ツイッターには彼がまだ生きていることを祈る人々も現れた。

でも、何か命を失くしたものを目の当たりにしたことがあるならば、その静謐さというのは見ればわかるものだろう。

知っての通りだ。

抜け殻だ。

あの夜僕は友人に、あまり性質《たち》がいいとは到底いえそうもないジョークを口にしてしまったものである。

「彼は自分の生き様通りに死んだよな」

「どういう意味だ」

友人が訊いた。

「だから、彼は自分の生き様通り――」

僕は応じた。

「ネットの中のクソみたいな映像の中で死んじまった」

彼の死からちょうど一週間後「サッド！」がいよいよ〈ホット１００〉のナンバーワンに輝いた。

死走

12
章

西暦二〇一六年十月八日、XXXテンタシオンはジュネーヴァからの申し立てにより彼女への暴行容疑で逮捕された。

これは〈ワシントンポスト〉紙がドナルド・J・トランプの〝女のあそこ《プシイ》なんていつでもつかめるさ〟発言の映像を公にした、まさにその翌日だった。


〝あそこ《プシイ》発言〟ビデオは大きな反響を巻き起こした。

正直何故あそこまでになったのかは僕にはよくわからない。


いや、僕だってバカではない。

理由ならちゃんとわかってる。


有り得うべからざるようなドナルド・J・トランプの勝利が現実となってしまった頃までには、そもそも大統領府なる存在そのものが、もっぱらラジコン飛行機を操り、読み書きすら満足にできないイスラム教徒の小作人たちと戦うことを旨とする組織へと変貌を遂げていた。

こちらは僕には正直さっぱりわからないのだけれど、世界の半分を相手取った戦争において、そこで戦う兵士たちへの賃金を賄っている組織の、その長たる人間を選出するのに何故我々は、当人の目に見える、いわゆる〝人としての品格〟とやらをつい重視してしまったりするのだろう。

だがこれもまたここアメリカでは昔からお馴染みの偽善である。

肌の茶色い連中とか黒人とか、あるいはアジア人たちを殺すため誰かを雇うのだとしたら、できればそいつはきちんとした食事作法《テーブルマナー》くらいはしっかり身につけている方が望ましいという理屈だ。

西暦二〇一六年の大統領選においてトランプが勝利を収めると、アメリカのリベラリストたちは皆、自分たちの政治的目標がすっかり打ち砕かれるのを目の当たりにさせられた。

彼らは徹底的に権力から排除された。

残された多少なりとも影響力を行使できそうな唯一の場所といえば、芸術と文化の分野くらいなものだった。

政治が大失敗をやらかした時には決まって起こる事態だ。

そしてかくのごとくアメリカの芸術に再び焦点が当たったということは、すなわちある種の決算が行われるということでもあった。

嘆かわしくもXXXテンタシオンがこの格好の餌食となった。

とにもかくにも彼は間違っているといわれることのすべてを為してきた。黒人だし、若僧だったし、ネット上でもあまりにも正直であり過ぎた。同性愛者の少年を叩きのめしたことを得意になって吹聴したし、妊娠中の元彼女をしこたま殴りつけた咎で告訴されることもした。

そして何よりまずいことに、彼は成功を収めていた。

子供たちは皆彼の音楽が好きだった。

それから彼自身のことも。

しかもこうした若年層は、ブルックリンとかシカゴとかに暮らす〝良識ある白人《ライチヤスホワイト》〟の皆様方が作り上げた〝お手盛りの道義《マニユフアクチユアード・モラリテイ》〟に対しては、どんな関心も、あるいは硬貨の一枚すら、決して払おうとはしなかったのである。


これはひとえにインターネットというものの背後に存在する、利益誘導の装置の仕組みのゆえである。そもそもネットそのものが、本質的に、表向き美徳を装ったクリック誘導《ベイト》なのだ。そしてこれがほかのメディアやそのメディアを作っている人々とそれについて書く人々、山から、そのメディアを消費している人々の三者の間に、途方もない断絶を作り上げてしまった。

この点についてはテレビを引き合いに出せば一番よくわかる。

識者の皆様方は毎年必ず、新しく始まったシリーズの中から一番好きなものを挙げてみせる。

そして一万もの記事や、あるいは億の桁にも及ぼうかというこれらの番組についての解説が登場することになる。

しかしこうした番組たちの視聴率へと目を向けると、もっとも今はなんらかの形で原典からのストリーミング再生数も勘案されているらしいけれど、いずれにせよ、実は観ている者などほとんど誰もいないことがわかってしまう。

『ＧＩＲＬＳ／ガールズ』

『ツインピークス　ザ・リターン』

『トランスペアレント』

しかもまあ、局のお偉いさん方というのは、時差視聴とかネット視聴者といった物事についての愚にもつかない言い訳《ブルシット》を繰り返している。

だが最初から守勢に回っている場合、真実はそもそも明白だ。

あんたには誰も洟《はな》さえ引っかけていない。


ここアメリカにおいては唯一成功こそが道義《モラリティ》を決定せしめる要因である。

しかし今、このアメリカの道義というものが実はけっこうマジなレベルで再検討を余儀なくされている。

この再評価の動きの中でＸＸＸテンタシオンは、ある種内部矛盾の象徴として機能してしまった。

仮に有識者たちの間に以下のような暗黙の同意事項があったとしよう。

成功は善きものだ。成功を手にするのは唯一善き人たちである。そして芸術の創造という行為もまた、これら善き人々の、いわば専権事項である。だとしたら、さていったいどうすれば、一切合切間違ったことしかやっていないような輩もまた同様に成功したりできてしまったりすることになり得よう。

しかも彼の成功ぶりは『GIRLS／ガールズ』のそれとはまったく違っていた。彼が際立っていたのは〝お手盛りの道義《マニュファクチュアード・モラリティ》〟君たちがこぞって自分たちの手で彼の頭上に戴冠したがったからなどでは決してなかった。

彼の作品たちは、物事を何も知らずにただ選ばれただけの連中が、会議室で聴いてあだこうだいうためのものでなどまったくなかった。

彼は一番困難な方法で成し遂げた。

本当のヒットだ。

大衆からの現実の支持という大波に乗ったのだ。

それゆえ彼の成功は否定の余地など持たなかった。

西暦一九四七年にフランスのアントナン・アルトーというイカレポンチが『ヴァン・ゴッホ――社会的自殺』なる著作をものしている。

アルトーの理屈はこうだ。ヴァン・ゴッホは自ら進んで自殺などしていない。むしろ社会の側が憎しみの集合無意識みたいなものを手段に彼を拷《う》ち続けていたのである。

自殺はだから、この責め苦の産物なのだという。

あるいは似たような何かだ。

僕もアルトーなんてのはもう二十年くらい読んでいない。

だからこれら一切を間違って記憶している可能性もある。

それでもここでアルトーが、こうした集合無意識のようなものは夜を選んで襲撃してくるのだと断じていたことは絶対に間違いなかったと思う。

市井の極普通の人々が、そこに自身の嫌悪感なり不快感なりを投影する。

するとそれらが悪夢へと姿を変えて、ある個人の頭の中にまで舞い降りてくるのだというのである。

西暦一九四七年の当時にはこんな考え方は、まさしくイカレポンチの妄想のようなものだったことだろう。

だが現代ではこの考え方はネットを暗喩しているようにも見える。

あのインスタグラム上の映像を思い出してみて欲しい。

　なんで眉なしになったかって？　そりゃあ俺が普通に見られたくねえからだ。ほかのやつらと同じに見えたくなんてないんだよ。俺は俺自身でありたい。だから、それがもし、自分自身であるためにはより醜くなければならないんだとしたら、俺は醜くなるんだよ。もっとマジに言えばな、醜くなってなお本物の人間を惹きつけたい。周りにいる本物の人間たちに、今よりもっとこっちを向いて欲しいんだ。誰もが俺に望むような見た目になってよ、ただ俺をぶん殴りたいがために俺の周りにいるような偽もんのクソッタレなニガどもとつるみてえなと思うんだよ。何故ならもう利用されることにはうんざりだからだ。俺は四六時中利用されてる。あんたはそういうニガどもの存在にすら気づいてないかも知れない。俺はな、もうこのクソみたいなネットってやつにももうあんまりいたいと思わねえんだ。こいつはマジくそみてえにネガティブだ。どんどんこっちを吸い尽くしていきやがる。マジ吸血鬼みたいだぞ。


彼はネットの上で、ネットによって台頭した。

経歴のすべてがインターネットの中にあった。

だからこそああなった。


ネジのぶっ飛んだイカレポンチがいる。他人と見れば食いかからずにはいられない。境界線上とかぐらいにいってもいいほどの貧乏暮らしで、自分の言いたいことはどんなヤバい中身でもツイッターに上げてしまう。

十四歳の頃。

なんとか小銭でも稼ごうとうろついていた。

人生は最低の最低を極めていた。

生きて行くための方便だった。

しかし一旦衆目が注がれてしまえば最早そういう人間であることも叶わない。

誰も公の場でそんな具合に野卑であることはできない。集合無意識は必ずあなたを見つけ出し、自死への道筋をつけていく。


少なくとも二十五年くらい前までは決して誰にも想像すらできなかっただろう、現在のようなアメリカ文化における黒人の圧倒的な優勢は、すなわちこういう事態を示唆してもいる。今メディアの周縁で〝見做し現実《コンセンサスリアリティ》〟なるものを日々こしらえているような〝良識ある白人《ライチャスホワイト》〟たちの全員が全員、同時にまた、ヒップホップとブラックミュージックを聴いて育ってきた者たちでもあるのである。

そこで人種を越えた場所での綱引きが行われることになる。

〝見做し現実《コンセンサスリアリティ》〟を造り出す〝良識ある白人《ライチャスホワイト》〟たちにとっても、ドレイクやミーゴスといったクソみたいな連中について肯定的に語ることは容易いのだ。

誰も気にしないし、気づきもしない。

しかし黒人アーティストについて批判的な言葉を発しようものなら、彼らはたちまちいささか困った立場に立たされてしまうことになる。

彼ら〝良識ある白人《ライチャスホワイト》〟たちにとって、もしスーパーマンの大の苦手のクリプトナイトのようなものがあるとすれば、それは人種的な偏見を持たれることではなく、いや、本人たちは実際そうなのだけれど、それでもそっちの方ではなくて、誰かが自分たちのことを差別主義者呼ばわりするかも知れないと思いついてしまうことなのだ。

やべ、炎上しちまう。

デイヴィッド・レムニック殿がお冠になる。

〝見做し現実《コンセンサスリアリティ》〟を造り出している連中のおおっぴらに口に出せない目的の一つというのは、その罪があまりに重過ぎて、どれほど徹底的に批判しようと誰からも差別主義者呼ばわりされることなど心配しなくてもいい黒人の標的《ターゲット》を見つけ出すことなのである。万が一こうした批判によって差別主義者呼ばわりされても、それは最早大したことではない。

大抵の場合そんなのはツイッターにしかいないような輩で有色素神学《メラニンセオロジー》の信奉者で、きっとあの、平等主義を標榜しながら女たちに薬を盛って犯していたビル・コスビーを擁護したりもしているからだ。

要は無視してかまわない種類の連中だ。

一切は危険な冒険の旅路の変奏である。

そして本書のかなり最初の方ですでに示しておいた通り、これこそがこの冒険の本質だ。つまりはこうだ。さあ、また別のO・J・シンプソンを探し出そうぜ！

〈スポティファイ〉の露悪的内容《ヘイトフルコンテンツ》施策はそもそもからしてR・ケリーとXXXテンタシオンを標的として狙い定めたものだった。

理由はもうお察しだろう。

アメリカ人のすべてがR・ケリーが十代の子供らに小便をぶちまけるような真似をしていたことを目の当たりにしている。

彼は最早悪党なのだ。

そしてXXXテンタシオンはいつだってネット上でバカなことばかりやってきた。そのうえ彼は前衛的に過ぎた。この意味するところはつまり、彼の作品に対しては、黒人の側からのある種の伝統に則ったような強固な支持がなかったということでもある。

そこへ〈ピッチフォーク〉が彼に対するジュネーヴァの宣誓証言をすっぱ抜いた。しかもこれはドナルド・J・トランプの〝あそこ《ブシィ》ビデオ〟が〝見做し現実《コンセンサスリアリティ》〟を造り出している人々の間に、国家的規模での女性への扱いに関する関心を巻き起こした直後のことだった。

法律用語が彼の立場をO・Jと同じ領域にまで押し込めるには十分だった。

しかも彼は同性愛者の少年をぶちのめしたことを得意げに吹聴してまでいた。

一方でクリス・ブラウンはこの選ばれた派閥の中でも居場所を守り続けている。

どうやら潜り抜けることに成功したようだ。

きっと差別相手が黒人女性だったからだ。

もし〝見做し現実《コンセンサスリアリティ》〟なるものを作っている連中にどんな形であれ実際の力があったとしたら、あるいは彼らの意見が、メディアとか政治の領域といった仕事に就いていないような人々にまできちんと届くまともな影響力を誇っていたとしたら、きっとXXテンタシオンはあんなふうに大きくなっていくことなどできてはいなかったに違いない。金のために期日までに垂れ流される百万の言葉が、彼の野心の目の前に大きな障害として立ち塞がっていたはずだからだ。

そのように見えている世界がある。

そして一方で、実際に人々が日々生きている世界がある。

自分の無価値さ加減を思い知らされること以上に苛立ちを誘うものなどそうそうは見つからない。

彼の死は普通に生きている人々の怒りを刺激した。

「ジェゼベル」のビデオにはこういうコメントが寄せられている。

> 私はこの虐待嗜好を持つ恐ろしい、まさに純然たる悪意といった存在だったこの男が今後一切ほかの誰をも傷つけることができなくなったことに関し、可哀想にと思うことすらできません。むしろ昨日はもっといいニュースがあればいいのにと思ってい

たところでした。因果応報です。

こういうのも見つかる。

大局的に見て、もし誰かが命を落とさなければならなかったのだとするなら、社会にとってはこれが一番いい結果だったといえるのかも知れない。いや、殺人を肯定も推奨もするつもりもないのだが、たとえばこの死が崖から足を踏み外した結果として起こっていたとしても、私が涙を拭ったりすることはなかっただろう。もちろん私は彼の人生のことなどほとんど知らない。だが時折、ただ過ちを犯したり、あるいは社会に対しどんな貢献もできない種類の人間が現れることは知っている。その悪辣さについては比べものにすらならないとは思うが、こう書いていて私の頭に浮かんで来たのは、少なくとも三十人以上を殺害したシリアルキラーのテッド・バンディである。最初の最初から彼の中では何かが間違っていたのだ。神だって時には過ちを犯す。

西暦二〇〇四年にアイリーン・V・ブレアとチャールズ・M・ジャッド、そしてクリスティン・M・シャプローという三人が『サイコロジカルサイエンス《精神科学》』という雑誌に共同で記事を書いている。

この記事は「犯罪の判決におけるアフリカ系の顔の特徴の影響について」と題されて

いる。

過去の研究成果を積み上げたうえで彼らはここで、ある一つの実験結果を詳述している。こういう内容だ。

二百十六枚の写真がまず白人と黒人とに分けられた。

これらの写真が複数の有志の被験者たちに見せられた。

そしてこれら有志の被験者たちは、どの顔が最もアフリカ系の特徴を備えていると思うかという質問をされた。


アフリカ系の特徴というのは以下のように定義される。

暗い色の肌。横幅のある鼻。品のない髪。分厚い唇。

つまりはあるいは〝次の項ような〟感じである。


写真はどれも被疑者顔写真《マグショット》だった。

掲載した一枚と同様、これらはすべてフロリダ矯正局によって撮影されたものだった。

この筆者たちの以前の研究というのは、一般的に人々は、特にアフリカ系の特徴を見分けることに長けているといった内容だった。

二〇〇四年の実験の主眼というはもちろんこの部分ではない。

発想はこうだ。有罪判決を受けた者らの写真を見せて、被験者たちにこの前科者たち

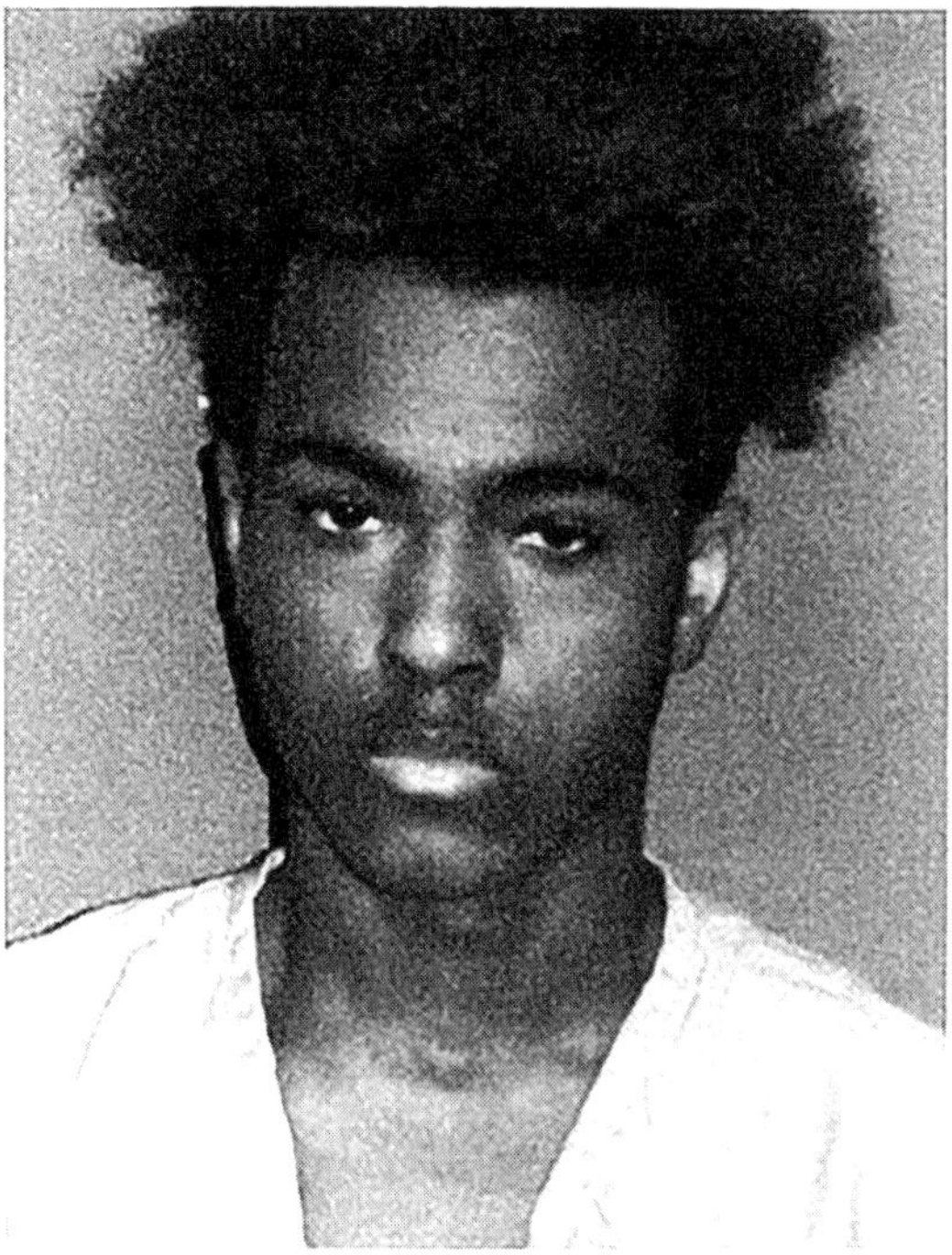

の中からアフリカ系の特徴を備えていると思われる者を選び出させ、そのうえで、こうしたアフリカ系の特徴の発現と、彼らの受けた判決の軽重の間に何らかの相関関係があるかどうかを検証しようというのである。

筆者チームは、有罪判決を受けた者たちの中で論ずれば、アフリカ系の特徴を色濃く有している者ほど、長い刑期など、重い罰を科せられてる傾向が実際にあると結論づけている。

しかもさらに筆者チームは、統計的にもこの相関性は、人種やあるいは前科の有無より重きをおけるものだとまで述べている。

比較対象となったこの人種と前科という二つの要件は、むしろ判決に対してはどんな予見性も持ったりはしていないのだそうである。

また彼らは、〝このアフリカ系特徴と量刑の相関性〟は人種を問わずに発動しているといったようなことまで言っている。

アフリカ系の特徴があると判断された白人の受刑者の方も相対的に重い判決を受けているのだそうである。

アフリカ系の特徴があると判断された白人の受刑者の方が、アフリカ系の特徴があると判断された黒人の受刑者たちよりも、どうやら重い刑を受けているらしい。

西暦二〇一六年には彼ら〝見做し現実《コンセンサスリアリティ》〟を作っている人々が、黒人俳優にして初監督に挑んだネイト・パーカーの経歴の一切をぶち壊しにした。映画『バース・オブ・ザ・ネイション』かかる一連だ。

彼はかつてペンシルヴァニアの地方裁判所で、白人の陪審員らによって、起訴されていた強姦の罪に関して無罪を宣告されていた。

十五年も前の話だ。

いったいどうやったら〝これぞ新自由主義だ〟とでもいわんばかりにネット上に虚ろな罵詈雑言をあふれさせ、自身では何年かけて求めても絶対手に入れられないような何かを今まさに手にしようとしている男を船外に放り出すような真似ができるのだろう。

少なくともホットヨガやら、あるいはこちらはちゃんと合法の電子煙草の習慣について触れている片手間に、三年もの長い間ずっと〈ブラック・ライヴズ・マター《黒人の命にだって意味はある》〉運動に対する支援表明を続けてきた身であるのなら、たとえば自分のあまり好いていない黒人野郎が刑事司法制度の手に落ちようとしているからといって、そこで自分も一緒になって、お腹でも掻いてもらおうと犬が引っ繰り返るようにして地面の上に転がってはいけないくらいの義務は負って然るべきなのではないか。僕だったらそう思うけど。


こんなのただの偽善なんて程度じゃ済まされない。そうだろ?

〝見做し現実《コンセンサスリアリティ》〟を作り上げる装置というのは地球規模の悪意が受肉した存在だ。

その手の中のスマートフォンを見てみろ。そこにはコンゴで奴隷労働を強いられた子供たちが掘り出した稀少鉱物の繊維が山と詰まっている。

稀少金属の利益は戦争の資金源となっている。

だがその戦争のニュースが君らの耳に入ることもない。

そいつは世界のうちでも特に、誰一人洟すら引っかけないような場所を選んで起こされているからだ。


これらの稀少金属はそのまま中国へと送られる。そこではまた別の奴隷たちが、今度はそれをスマートフォンやコンピューターの中に組み込んでいる。

そしてこれらの装置が〝見做し現実《コンセンサスリアリティ》〟をこしらえるために使われるのだ。

西暦二〇一八年の今この時代には〝地球規模悪意〟が作り上げた階層に組み込まれることなしには何らかの意見を持つことすら叶わない。そんな道は有り得ない。

この本がまさしくその好例となる。

そんな意図がなかったとしても、やはりコンピューターを使って書いてしまっている以上は、これもまた〝地球規模悪意〟の副産物なのである。

ああいう記事を書いた人々のほとんどは、家内工業というものを放棄し、世界の残りの地域に大災厄をもたらしている国の住人である。

ブラウン大学のワトソン研究所が「戦争の経費」という課題を取り上げている。

西暦二〇一八年の初頭、この機関がアメリカの主導による〝テロとの戦い〟が行われている国と地域という地図を発表した。

七十六の国家が含まれていた。

全地球上の三十九パーセントの国々に及ぶ。

そのうちの二十がサハラ以南のアフリカ国家だった。

これが〝道義〟なるものが作られるそのやり方である。

メディアによる〝見做し現実《コンセンサスリアリティ》〟というのはかくのごとくしてできあがる。

作っているのは世界最大の戦争機械の住人たちだ。

彼らの支払った税金はサハラ以南のアフリカでの秘密裡の戦争へと投入されるか、さもなければ、イスラム教徒たちの暮らしている貧農の村を爆撃する無線操作の飛行機へと化ける。

この人々は、奴隷労働によって生産された装置を使って自分たちの道義について書き立てる。

彼らは〈フィルモア〉に〈ベッドスタイ〉、〈ドッグタウン〉といった娯楽施設を民族的に浄化するよう主張したその同じ口で〈ブラック・ライヴズ・マター《黒人の命にだって意味はある》〉運動についてツイートする。

そして彼らはこういう一切を目の当たりにしてきたうえでなお、世界に起こり得る最も悪しき物事とは、見せかけだけのフロリダ出身の若僧が〈ビルボード〉の〈トップ100〉を昇り詰めてしまうことだと信じているのである。

「ジェゼベル」を好みそうな聴衆たちの層というものに思いを馳せれば、僕には到底あの二つのコメントが〝善良な自由主義者〟の二人組以外の何者かによって書かれたなどとは、とてもではないが考えられない。

加えて二人が何故わざわざあの全文を書き残す手間をかけたのかにもまったく思いが及ばない。

せいぜいが、他の誰かの手を煩わすくらいならば自分が、くらいの気持ちだったのかなと想像できる程度だ。

あれらはつまり、キャロル・ストロークの言葉によればたぶんこういうことになる。

だから最初から彼のことを黒ンぼ《ニガー》とだけ呼んでいればよかったのです。

＃こらえろ。

XXXテンタシオンは邪悪だった。

成功は善きものだ。

邪悪な人物が成功を手にすることなど許されてはならない。

〈ピッチフォーク〉の記事の見出しを思い出すがよい。

『ＸＸＸテンタシオンは柵の向こう側から旋風を起こしている。それでいいのか？』

ジャーナリズムの世界には昔から伝わる暗黙の了解事項がある。

見出しがイエスノークエスチョンの形で登場したなら、答えは常にノーである。


人々がこのＸＸＸテンタシオンについて書き連ねてきた、もっとざらついて、かつ猥雑な内容の数々を本書に引用することも一度ならず頭に浮かんだ。

だが僕はその誘惑には真っ向から抗《あらが》うことにした。

名指ししては貶めていく、そういう〝文化〟のあり方にはもううんざりなのだ。

むしろ僕は赦しをこそ信じたい。

ＸＸＸテンタシオンという存在はコメント業とでも呼ぶべき人々にとって、自分たちの価値にまた光を当ててくれる、安易で格好の素材として機能したのかも知れないなという考えは、何度かこの頭によぎらないでもなかった。

良識だかを装いたければただ彼の罪状をぐだぐだ並べ上げるだけで事足りた。

文字の上で彼を攻撃することは簡単だった。

しかも、あなたの立ち位置を強固にさえしてくれる。

あなたがどんな世界を信じているかの表明にもなる。

この手の信仰の告白みたいな文字列に出会うたび、僕はこんな具合に首を傾げた。

この人はお金のためにこれを書いたのかな。それとも、ひょっとして何か隠しておきたい自分の罪状があったりするんじゃないだろうか。

だって、ジェネーヴァの殴打事件からお金を稼ごうという動機を別にしてしまえば、当該の記事の筆者が、本人の死後もなおＸＸＸテンタシオンについて否定的な内容を書かなければならない理由など、たぶん一つしかないはずだからだ。それが世間に、自分たちは〝いい人間〟なのだという事実を改めて気づかせることになりうるくらいのものである。

だがそんな必要があるのはいったいどこの間抜け野郎だという?

たぶん自らの過去に今なお苛まれ続けている人々だ。

そういう輩だけが、万が一この先自分につけが回ってきた場合の備えとして、自らの〝良識〟のバックカタログを是が非でも作っておきたがるのだ。

もし本当にＸＸＸテンタシオンは柵の向こう側から旋風を起こしたりなぞ決してするべきではなかったのだとして、では、だったら彼はどうするべきだったのだ?

彼の生い立ちは明らかに、普通の教育とそれから、経済的な地位の上昇への希望といったものを最初の最初から欠いていた。

〈サウンドクラウド〉に音楽を発表し始めるより以前には、彼の将来には一つの可能性しかなかった。

自らの肉体をもって状況に奉仕することだ。

彼の人生が報われる種類のものでなどあるべきではなかったと信じることには、それ自身が問わぬまま、かつ答えぬままにしている一つの問いが内包されている。それはこういうことになる。

XXXテンタシオンが成功の階段を最後まで昇り詰めることがなかったことによって得られた〝目に見える社会的徳〟とはいったい何だったのか？


ここに内在する、ほかでは決して言葉にされることのないこの命題こそが最も僕を悩ませる。

あらゆる批評が、音楽関係の記載のすべてが、そして道徳なるものの一切合切が、奴隷たちによって作られた装置を使っている人々の元に、期日までにきっちりと金をもたらしている。

まるで彼らはこんなふうに言ってでもいるかのようではないか。

ジャセー・オンフロイよ。そなたは無から生じた。それゆえ我らはそなたを無に帰すことにする。

もし我々が、この世に起こる暴力沙汰のすべてにおいて、その原因をきちんと突き詰めて考慮し、加害者となった当事者の精神状態までをも逐一慮らなければならない義務を負うとしたら、たぶん社会というものは機能しなくなるだろう。

アメリカという国は、刑事罰としての収監といった事態をあたかも当然の事柄であるかのようにまで徹底的に自身のうちに内化してここまでやってきた。それゆえ今やこの論理は、事実上僕らの文明を正当化するその根幹ともなっている。

しかしこの、社会によって作り上げられた状況にはやはり悲しみがつきまとう。

西暦二〇一四年三月六日、XXXテンタシオンはこうツイートしている。

クソみてエに嬉しい。親父が電話を寄越しやがった。しかも、ムショに慰問に来て、同房の仲間におめえのラップを聴かせてやってくれねえかって頼まれた。ニガどもを皆びびらせちまえ、だってよ。

その後にはこうも続けている。

そのニガがよ、おめえを誇りに思うぜ、だとさ。

こうした悲哀が、彼の行動や判断の十分な言い訳になろうとは僕だって思わない。

だけど、ああ、神よ。これらのいかに雄弁であることか。

感傷的に過ぎると思って戴いてかまわない。だけど僕は、XXXテンタシオンは本人の最悪の行動だけによって判断されるべきではない存在だったと信じているのだ。

個人の最大の悪行というのがいったいどれほどの意味を持つのかすら、僕にはもうよくわからなくなっている。

幼い頃に人格をぶち壊されてしまったような人々が、ではすべて社会から放逐されて然るべきなのかという考えにはさすがに与《くみ》し得ない。

特にそういった人々が、特権やら権力やらに守られた階級に属していない場合にはなおさらだ。

そしてその人物が、まさにＸＸＸテンタシオンがそうであったように、なんとかして自らを作り変えるべく、誰かの助けを必要とし、繰り返しそれを求めていたような場合にはより一層のことなのである。

刑務所のどこが有益なのかは正直僕にはよくわからない。

同様に彼が死んでよかったことなど僕には一つとして見つけられない。

でも、僕が本書で論じたいのは実はこの点でもなかったりする。

だってＸＸＸテンタシオンが社会の階段を昇れるだけの天賦の才に恵まれていたことは絶対に間違いないからだ。

そしてたぶんこれは誰も彼もに当てはまり得ることなのだろうとも思っている。

だが彼はあまりに好き勝手に生き過ぎた。荒々し過ぎ、かつ開けっぴろげに過ぎた。

それゆえ集合的自意識のようなものの目に留ってしまった。

唯一有り得る判決は〝死〟のみだった。


彼の死の有り様はそもそも彼がどこからやってきたかを思い出させずにはいない。

この男は薬漬けだった。

白人のラッパーたちは銃弾で命を落としたりはしない。

連中がやらかすのは過剰摂取《OD》だ。

白人のラッパーたちは自ら演じる小芝居をすぐにでも止めることができる。

だって彼らにはハーヴァード出の両親がいたりする。

結局は旅行者でしかない。


ある意味ではでもXXXテンタシオン自身もまた旅行者だった。

この点こそが彼の生の抱え込んでいた逆説《パラドックス》でもある。

彼自身は何よりも白人のオタクっぽい連中みたいな生活に憧れた貧しい黒人のラッパーだった訳だけれども、一方でこの時白人のオタクっぽい連中の方は、何よりも貧しい黒人のラッパーみたいな生活に憧れを抱いていたのである。

　そして誰も、ほかの誰よりも紛れもなく彼自身が、本人の憧れたような生涯を送ることを決して彼に許そうとなどしてはいなかった。

休暇はいずれ終わるものだ。
誰もがいつかは家へと帰る。

でもあと一つだけ、あれだけの露骨な記事が出続けたにもかかわらずＸＸＸテンタシオンの音楽を貪っていた子供たちに向け声に出しておきたいことがある。

よくぞやった。

君らは正しかったのだ。

ぜんぶ間違ってみる――訳者あとがきに代えて

浅倉卓弥

主人公は妖精の国の女王。忠実なる従者一人を従えて、人間界で消息を絶った愛娘を探し出すべく二〇一七年のロスへとやってくる。ところがこの二人の格好が、折しも鳴り物入りで公開されたばかりだった映画『ワンダー・ウーマン』のヒロインたちとそっくりだったからさあ大変。おまけにお伴の彼女が実は、大の男嫌いの殺戮機械だったりするものだから――。

「あら、これは妖精の国のオートクチュールよ」――セリア（妖精の国の女王）談

だから、こんなの今どき誰が最後まで書くんだよ、とゲラゲラ笑いながら読み出したのが『地獄で灼かれるのはアメリカ人だけ（＝ONLY AMERICANS BURN IN HELL）』という、いかにも物騒なタイトルをつけられたこのコベックの次回作である。おまけに途中からは、前作『くたばれインターネット』にも登場していたサウジの

皇子デニスこと殿下まで現れて、ほぼ主人公の一人といって差し支えない活躍を見せた挙げ句ついには異次元へと続く扉まで開けてしまう。

いや、間違ったことはたぶん書いてはいないのだけれど、それでも同作がどんな小説であるのかは、たとえ誰が読んだとしてもこれでは全然わかるまい。しかしこれはそういうテキストで、たぶんそれでいいのである。本筋の軽んじられ具合は『くたばれインターネット』に劣るとも勝らない。いや、勝るとも劣らない。

まあ、ほかの作品の紹介から入る訳者あとがきもそうそうはなかろうと思い、とりあえずまずしょっぱなから大きく間違ってみることにした次第。

さて『くたばれインターネット』とは、自費出版からスタートし、あれよあれよという間に十に迫る言語に翻訳され、世界計十三ヶ国でベストセラーとなった著者ジャレット・コベックの出世作である。映画化もされた大ヒットコミック『トリル』の作画担当で、四十代半ばの独身女性アデレーンを襲った炎上事件の顛末を描いている。

こう説明してもやはりまったくこの小説を紹介したことにならないところがまた実に悩ましい。コベックの筆致が本筋など放りだし自由自在に右往左往するからだ。同書では引き合いに出される何もかもが皮肉と当てこすりの対象となっている。御丁寧にも皮肉＝アイロニーという言葉そのものまであげつらわれる。しかも繰り返し。これはもう実際に読んで確かめていただくしかない。

勢いに乗ったコベックは晴れて自費出版作家を卒業し、いよいよ六大出版大手の一つから次作『THE FUTURE WON'T BE LONG』を上梓するのだが、ところがこちらは無残なまでの失敗に終わってしまった。出版自体が間違いだったくらいの惨状だったらしい。

コベック自身は『地獄で灼かれるのは――』の作中においてこの事態に関し、自分がナチスの資本投下によって誕生した出版社と仕事をしてしまったのがそもそもの間違いだったとしているのだけれど、個人的には全体が中途半端に〝文芸作品〟のフォーマットに落とし込まれてしまっていたせいだと思っている。どうも昔の原稿だったらしいので、無理もないといえばそれはそうなのかも知れないが。

間違いはだから、コベックが『THE FUTURE〜』に十分な改稿を施さなかったことである。小説という概念の転倒さえ企んでいたかに見えなくもない『くたばれインターネット』の次の作品としては、いかにももったいなかったなあと、個人的にはそうも思う。ぜんぶ書きなおせばよかったのに。

さてそこでコベック君、若干のスランプに陥ってしまう。この人にもそんなことがあるのかという気もしないでもなかったが、人のことはあまり言えないので小声にしておく。そして本書『ぜんぶ間違ってやれ』の執筆が、どうやらそこからの脱出の契機となったらしいのである。

ここで「ジョスリン・フローレス」がいかに名曲であるかを滔々と論じてもいいのだけれど、ヒップホップの歴史におけるＸＸＸテンタシオンの存在意義とその重要性についてはやはり、併録される予定の二木信氏の解説に譲ることにする。それでも、コベックの本書の執筆の動機がこのＸＸＸテンタシオンの音楽に対するほとんど畏怖にも似た〝好きだ〟という気持ちだったことは、これは断言して間違いではあるまい。

エレキング編集部の野田氏から本書を紹介されたのは昨年の九月になる。まさに『くたばれインターネット』の翻訳刊行準備の真っ只中だった。一読し、呆気にとられ、是非自分で訳したい旨を伝えた。それほど衝撃的だった。

とりわけ文章が『くたばれインターネット』と比べてもさらに研ぎ澄まされていた。どれだけこの文体をきちんと日本語に落とし込めたかどうかは、もうこれは本書を手に取って下さった皆様の判断にお委ねするしかないのだけれど、まるで全体が韻文のようなのだ。自由な韻文といってしまえば表現そのものが矛盾を孕むが、でもそのように形容したくなるし、あながち間違いでもあるまいとも思っている。実際僕は当時野田さんに提出した資料の中で以下のように書いている。

「延々と続く歌詞を読んでいるような手触りで、大袈裟に言うと、叙事詩が現代に甦るとこんなふうになるのかなとも思いました」

　文意の明快な短文が、余計な説明を極力排除しながら続いていく。
たとえば「雪遊びだ」なんて一文にはこれ以上削れる余地もない。
それでいながら異形の天才ＸＸＸテンタシオンの物語は、その背景や蓋然性必然性偶然性を随時解き明かしつつ、確実に終幕へと向かっていくのである。

　全体がいかにもこのネットの時代に相応しい姿をしている。いや、そんなことは作者が最初から明示している。ＸＸＸテンタシオンの遺したツイートだけを足場に全体を構築しようと考えた、と。その着想がこの文体へと結びついたことは間違いはない。

　本書はもちろん小説ではないし、評伝ではあるが、伝記という語から想起されがちな小難しさや足取りの重さとは一切無縁だ。話者は一貫して作者だが、評論と呼ぶほど堅苦しくないし、大上段にかまえてもいない。むしろそういう姿勢こそは彼にとっては揶揄の対象となる。いかにもコベックらしく噛みつくところには噛みついて、おちょくるべき相手はけちょんけちょんにしてもいる。それでもぎりぎりの判断は、各所で受け手の側へと委ねられるような形になっている。実際一箇所〝ここにあなたの結論を書け〟といったことまでやっているのがいかにもらしい。

僕はだから、こと本書については、書籍というパッケージの新たな可能性の一つではないかくらいに受け止めているのである。双方向性を備えた小説でもノンフィクションでもない何かが生まれてしまったのではないか、と。無理やりカテゴライズすれば本書がノンフィクションであることには間違いはないのだが、それにしたって同語の定義を広げるなり揺るがすなりはしているのではないかと思う。

でもここまで言い切るのは、ひょっとすると大間違いかも知れない。

また、本書がコベック自身が立ち上げた例の〈アイ・ハード・ユー・リード・ブックス＝君がまだ本を読むって耳にしたんだけどさ〉という名前の出版社からの刊行であることも、ここに記しておいた方がいいのかも知れないなとも思う。

僕自身はコベックの上手さというのは何より繰り返しの妙にあると思っている。その美点は今回のテキストでも十分発揮されている。それどころか、さらなる捻りまで加えられている。

本書では冒頭の章と最終章とにそれぞれ同じXXXテンタシオンのツイートが引用されているのだが、その見え方が両箇所でまったく違っているのだ。もちろんこの異化効果は企まれたものだ。むしろそのために全編が構成されていると穿つことも可能であろう。是非御堪能いただきたい。

最後に、本書のアメリカ版の紹介文を、拙訳ながら引いておく。

僕はこれがとても気に入っているのである。

「二十年の生涯、二万件のツイート、一七一頁に及ぶ悪魔への弔歌《シンパシー・フォー・ザ・デヴィル》」

なお、日本語版は下のノンブルの数字に次項から始まる二木信さんの解説を加え、全二二四頁となる。たぶん間違ってはいない。

解説

二木信

　ジャレット・コベックが本書において強調している重要な主張のひとつは、ＸＸＸテンタシオンという希代のラッパーが、インターネットと共に育ち、生き、そしてその中で死んだ、ということだ。インターネットがテンタシオンの世界だった。それは何かの比喩などではなく、まぎれもない事実で、コベックはそのことを重視した。だから、生前テンタシオンが自身のアカウントに残した五万三千をこえるツイートのうち二六六五四件ものツイートを収集、読み込んだ。テンタシオンの経歴すべてはそこにあった。そしてコベックは、「彼こそは、自分の音楽と、ＳＮＳ上での未検閲の、ある意味あからさまな自分自身の存在とを区別しなかった、史上初のレコーディングアーティストだった」という大胆な結論に辿り着く。

　一九九八年にジャマイカにルーツのある両親の下、フロリダ州の南部に位置するプランテーションという都市で生を受けたＸＸＸテンタシオンことジャセー・ドウェイン・リカルド・オンフロイはインターネットの世界からわれわれの前に現れた。二〇一三年六月にサウンドクラウドに「News/Flock」という曲をアップすることでテンタシオンはアーティストとしてのキャリアをスタートさせた。コベックは本書で、音声共有サービスなどのSNSによる楽曲のリリースがビッグ・スリー（ワーナー、ユニヴァーサル、ソニー）が支配する音楽産業やポップ・ミュージックの業界にもたらした構造的変化について考察を加えている。実際にテンタシオンは当初、音楽ジャーナリズムの領域において、サウンドクラウド・ラップと呼ばれるヒップホップのサブジャンルを牽引する新世代の才能として脚光を浴びている。だが、彼がここでより強い関心を示し、重要な論点としているのは、ビッグ・スリーを介さないテンタシオンの成功を支えたデジタル・ネイティヴ世代の大衆のリアルな支持と時代精神であり、それゆえにどれだけ〝良識ある白人〟が彼らの〝お手盛りの道義〟をかざしてテンタシオンを叩いたとしても、彼の成功に否定の余地はない、という厳然たる事実である。

テンタシオンはたしかに〝成功〟を手にした。UKのダブステップのプロデューサー、マーラーの「Changes」をサンプリングした重くひずんだベースラインと極端に汚されたミキシングを特徴とするトラックの上で「こっちを見ろ／俺をめちゃくちゃにしろ」とリフレインする「LOOK AT ME!」は二〇一五年一二月三〇日にサウンドクラウドにアップされ、二〇一六年一月にシングルとしてデジタル・リリースされると彼の代表曲となった。人によっては聞くに堪えないBワードと露骨で暴力的な性表現のオンパレードだが、パンクのエネルギーが注ぎ込まれた楽曲はたしかに特別なラップ・ソングだった。コベックが『ルック・アト・ミー』の出来の悪いカヴァー」と辛辣にこき下ろすように、二〇一七年初頭にドレイクが「KMT」という曲で「LOOK AT ME!」のフロウを〝盗用〟したことでさらなる注目を集め、二〇二〇年一〇月末の段階では、MVは七千四百万回、サウンドクラウドは一億八千三百万回、そしてYouTubeのオーディオは四億一千万回の再生回数をこえている。さらに、二〇一八年六月に銃殺されたのち、生前リリースした「SAD!」のMVが公開され、米ビルボード・ソング・チャート「Hot 100」で一位を獲得する。死後に楽曲が全米で一位となるのは、ノトーリアス・B.I.G.「Mo Money Mo Problems」以来の快挙だった。

しかし誰もが憧れる華々しいサクセスストーリーはここにない。テンタシオンの同性愛者への殴打行為の吹聴、ガールフレンド、ジェネーヴァへの激しい暴行、家庭内暴力、不法監禁による逮捕によって、〝良識ある白人〟にとってテンタシオンは「誰からも差別主義者呼ばわりされることなしに大手を振って真っ向から批判できるアフリカ系アメリカ人」となったという。それはつまり「新たなるO・J・シンプソンだ」とコベックはさらに強烈な表現をしている。

テンタシオンの世界、インターネットで生前彼の蛮行の数々は発信され、それはいまだ記録されている。中には仲間との遊び半分の取っ組み合いもあるが、テンタシオンが喧嘩したり相手をコテンパにしたりしているその手の映像はいまでもYouTubeで容易に観ることができる(特別な理由がなければ、まああまり閲覧はおすすめしない)。例えばこんな映像がある。詳細は不明だが、金銭問題で関係がこじれたと思われる人物の家に行き、バスルームに隠れている目的の人物を見つけるやコテンパにする様子を捉えている。背を向けて無抵抗な相手の顔や背中に拳や肘鉄で執拗に打撃を加える暴行の生々しさゆえに見るに堪えないものがある。その映像を教えてくれた二〇代前半の音楽好きの友人は「そんな場面をわざわざ撮影しているのにもゾッとしてテンタシオンがダメになりましたね」と率直に漏らした。

もちろん、いわゆる物理的暴力（肉体的暴力だけではなく、撮影行為も時に暴力になり得る）への生理的嫌悪によるテンタシオンの忌避と、コベックが本書でくりかえす〝良識ある白人〟によるポリティカル・コレクトネスを根拠とした〝お手盛りの道義〟をかざしてのテンタシオンの存在そのものを否定し抹消しようとするほどの容赦のない批判は当然切り分けて考えられるべきだろう。だが、テンタシオンが〝徹底して暴力的な輩〟だったのも事実だ。

だからこそコベックはテンタシオンの暴力とそれをめぐる出来事を丁寧に構造的問題として捉え返している。それは本書において非常に重要な点だ。例えば、テンタシオンの父親の薬物関連の資金洗浄と薬物使用による逮捕を、犯罪的な欺瞞に満ちた国家の麻薬戦争の産物とし、さらに父親の長期収監を、ＢＬＭ以降より大きな注目を得た、「現代の奴隷制」としての監獄制度を克明に描いたドキュメンタリー『13th -憲法修正第13条-』のエイヴァ・デュヴァーネイ監督と同様の制度的人種差別という問題意識の下に捉えている。換言すれば、テンタシオンを糾弾する一方でニクソンやレーガンらの巨大な悪事を見逃すな、ということだ。そして、そうした父親の不在とそれによる愛の欠如という生育環境がテンタシオンの人格形成にどれほど多大な影響を与えたかを指摘する。希死念慮や憂鬱な気持ちを歌うテンタシオンらの音楽はエモ・ラップとも呼ばれるが、コベックの洞察の鋭さとは、テンタシオンの暴力に哀れさを感じ取っている点にある。そうした洞察は硬直化したリベラルの良識的な意見を相対化する次のような見解につながっていく。

「我々は、まるっきり徹底的に暴力的な輩でも、自分の価値とはなんぞやという疑問によって一面を規定されているのだという事実を改めて認めざるを得なくなる。誰かをめためたに叩きのめし、あまつさえその時の写真を自分の曲のジャケットイメージとして使えてしまえるような野郎が、場面によっては痛々しいほど傷つきやすくもなれるのだという事実を認めざるを得なくなる」

だがしかし、エスタブリッシュメントはそうした人間の多面性を許容できるほど寛容ではない。アメリカでは「暴力的な黒人は〝感情の正当な代弁者〟たることはできない」とコベックは書く。ここで思い出すのは、二〇一七年九月一三日にYouTubeで公開された「LOOK AT ME!」のミュージック・ヴィデオという体の、テンタシオンがＢＬＭへ応答する、彼の「RIOT」という楽曲を含む五分半あまりの映像作品である。ここには、テンタシオンの暴力性、慈悲、邪悪さ、自制心といった多面性の複雑な同居がある。黒人と白人の少年を向かい合わせ、白人の少年が首を吊るシーンは大きな物議をかもした一方、後半では理知的なスピーチを読み上げている。

私はコベックの本書での主張や考察、そして心情に感銘を受け、敬意を込めて全面的に賛同する。その一方で、テンタシオンの暴力や暴力的表現に戸惑いをおぼえるのも事実だ。自分たちが理想的だと信じる〝コンセンサス・リアリティ〟のためにお手盛りの道義でテンタシオンを抹殺しようとした言論に同意はできないが、「テンタシオンなんて聞きたくない」という人間の心情を理解できないわけではない。むしろコベック自身が、テンタシオンという類まれなアーティストへの敬意と深い愛と同時に、彼を前にして道義的葛藤を抱え、そうした一人の人間、一つの物事に内在する両義性への視点と、自身の中の相反する心情を思索の出発点として、文章を練り上げたからこそここまで深度のある書物を書き上げることができたのではないか。それは、作家として、切れ味鋭い風刺やウィットに富んだ表現、辛辣さを個性とする彼がみずから認めるように、珍しく感傷的な次の文章からも窺える。

「感傷的に過ぎると思って戴いてかまわない。だけど僕は、XXXテンタシオンは本人の最悪の行動だけによって判断されるべきではない存在だったと信じているのだ。（中略）幼い頃に人格をぶち壊されてしまったような人々が、ではすべて社会から放逐されて然るべきなのかという考えにはさすがに与《くみ》し得ない。特にそういった人々が、特権やら権力やらに守られた階級に属していない場合にはなおさらだ」。

　XXXテンタシオンは二〇一八年六月、運転中に銃で撃ち抜かれ命を落とした。わずか二〇年と半年の人生だった。コベックは、あまり性質のいいジョークではないと前置きしつつ、友人との会話の中で「彼は自分の生き様通り死んだよな」「ネットのクソみたいな映像の中で死んでしまった」と語ったと告白している。BAD VIBES FOREVER…

ぜんぶ間違ってやれ
——XXXテンタシオン・アゲインスト・ザ・ワールド

2020年12月9日　初版印刷
2020年12月9日　初版発行

著者　ジャレット・コベック
訳者　浅倉卓弥
解説　二木信

装丁　神戸太郎
編集　野田努(ele-king)

発行者　水谷聡男
発行所　株式会社Ｐヴァイン
〒150-0031
東京都渋谷区桜丘町21-2 池田ビル2F
編集部:TEL 03-5784-1256
営業部(レコード店):
TEL 03-5784-1250
FAX 03-5784-1251
http://p-vine.jp

発売元　日販アイ・ピー・エス株式会社
〒113-0034
東京都文京区湯島1-3-4
TEL 03-5802-1859
FAX 03-5802-1891

印刷・製本　シナノ印刷株式会社

ISBN　978-4-909483-77-5

ele-king books